これからの中小店は「動画」で販促・集客しよう!

水越 浩幸
Hiroyuki Mizukoshi

同文舘出版

「初めての再会」——まえがきに代えて

　初めて会ったのに、初めてのような気がしない。初めて会ったのに、まるで再会したような感覚……。「初めての再会」は、わたしの体験から生まれた言葉です。
　2010年5月、わたしはUstreamで配信する対談番組「メディジュッ（メディアコミュニケーション活用塾）」を始めました。毎週1回配信するのですが、数か月経った頃、周りの反応に変化が出てきました。参加するセミナーや交流会で出会う人が、初めて会う方なのに、皆さん笑顔で名刺交換しながらこういうのです。
　「いや〜初めて会った気がしません！」「やっと本物に会えた！」「テレビで見るより若いですね！」
　テレビ？　そう、わたしのUstream番組は、視聴者にとってはパソコンやスマホで見るインターネットのテレビなんです。しかも、その場で投稿したコメントを読み上げ、相互コミュニケーションがとれますので、あっという間にお互いの距離が縮まります。そして、実際にお会いしたときには、初めてなのにまるで再会したような親しみを感じるのです。
　やがて、わたしや一緒に出演していたゲストの方に、番組配信中や終了直後、問い合わせや仕事のオファーが次々と来るようになりました。ライブ番組を楽しく配信するだけで仕事が増える。そんな素晴らしいメディアを、もっとたくさんの人に活

用してもらいたいという思いで、このノウハウをわかりやすくまとめたのが「自分TV®」（ジブンティービー）です。
「自分TV®」ではUstreamとYouTubeをメインに使いますが、特にUstreamの対談ライブ番組が大きな力を発揮します。

　対談番組といっても、かしこまったインタビュー番組のようなものではありません。どちらかというと、カフェや居酒屋で二人で飲みながらまったり会話している様子を、ライブ配信しているような感覚です。これなら緊張せずに普段通りに話せますし、プロのアナウンサーのようなスキルも必要ありません。ライブ番組では、これで充分出演者の魅力が伝わるのです。
「自分TV®」のUstream番組で重要な点は三つです。

・ゲスト想い
・リアルタイムコミュニケーション
・ありのまま

　この三つをしっかり取り入れたUstream番組の配信を定期的に続けていけば、あなたのファンは確実に増えていきます。
　これまでたくさんの方が、「自分TVマスター講座」でこのノウハウを学んでビジネスに活用されています。そして、番組配信を継続することで驚くような結果が出てきたのです。

■ライブ動画活用で、商圏が日本全国へ広がったメガネ屋
■内容を詳しく語っただけで、番組終了直後に申込みが入るコ

ンサルタント
- お店のポリシーを熱く語ったことで、番組配信中に初めての方から予約の入る治療院
- お店の人気商品を食べながら配信しただけで、番組配信中に注文殺到の和菓子屋
- 仕事の魅力を伝えただけで、高額パッケージが売れるデザイナー
- ゲストの50万円近い講座を、1回の配信で売ってしまったママTV
- キャンペーンを1回ご案内しただけで、60万円以上を売り上げた美容サロン
- 自分の番組で宣伝して、あっという間に100万円売り上げたセミナー講師

　また、Ustreamのライブ配信の方法を覚えることで、自宅や事務所からのウェブセミナー配信、パスワードでの会員向け限定番組配信、ショッピング番組配信、イベントやセミナーの配信など、キャッシュポイントが増えてビジネスの幅を広げることができます。

　本書で、「自分TV活用事例」「Ustreamの機材や配信方法」「YouTubeの使い方」「視聴者の増やし方」、さらには「困ったときの解決法」など、UstreamとYouTubeを使ったビジネス活用法を理解でき、ご自身で番組配信をスタートさせることも可能です。内容は、受講料20万円の「自分TVマスター講座」と

ほぼ同じといってもいいでしょう。
　まずは本書を読みながら実践していただき、ぜひ、世界に一つだけのライブ番組をスタートさせてください。
「自分TV®」によって、あなたのビジネスがさらに加速して発展されますよう、心より祈念いたしております。

著者

目次

「初めての再会」——まえがきに代えて

1章 小さな会社を救う「自分TV®」とは？

- 01 「自分TV®」は二つの動画共有サイトを活用する……12
- 02 いろいろな使い方ができるUstreamのライブ配信……15
- 03 スマホやタブレットで「自分TV®」を始めてみよう……19
- 04 文字や写真で伝えづらいものにこそ動画は効果的……22
- 05 コミュニケーションが距離を縮める……26
- 06 フォローの番組で差別化……30
- 07 "だだ漏れ"から見てもらうライブ番組へ……34
- 08 「たくさんの人」より「大好きな人」を増やす……36

2章 小さな会社の「自分TV®」活用事例

- 01 メガネのマエダTV……40
- 02 自宅で楽しむ子育てテレビ……42
- 03 アップヘアー発毛・育毛チャンネル……44
- 04 一生成長TV……45

05	ハラチャンTV……46
06	ママタレントTV……47
07	伝え方の学校、ウランの元気TV……48
08	湘南逗子発　有村ヨウコ JAZZ Night Cafe TV……49
09	調ゆうのエンタメTV 〜ルシーラの小部屋……50
10	uenotakakoの俳句TV……51
11	る〜り〜の大部屋　著者の本棚……52
12	プラチナウーマンTV……53
13	小児科医ママ・子育て応援TV……54
14	アクトドリームCHANNEL……55
15	こつがいきょうこのヒーリングアートTV……56
16	はち巻子のデコロールTV……57
17	髙橋珠美―海外ノマドワーカー 300日……58
18	アラフィフ美容家・寺田美香の美々人Vividチャンネル……59
19	ジュエル　チャンネル……60

3章　「メディカツ」が6年間300回も続いた秘密

| 01 | メディカツはこうして誕生した……62 |

| 02 | メディカツの特徴はゲストとの対談……64
| 03 | ゲストが楽しみにしている配信後のアレとは……67
| 04 | こんなトラブルやハプニングがありました……69
| 05 | 「自分TV®」で商業出版の夢を実現……73
| 06 | 憧れの著名人がメディカツに出演！……76
| 07 | リアルで視聴者と出会う交流会やセミナーを開催……81
| 08 | 「メディカツバンド」でCDデビュー……85
| 09 | アーカイブでメディカツのファンが増える……88
| 10 | 視聴者にプレゼント！　愛のツイート大賞……91

4章　「自分TV®」運営の重要ポイント10

| 01 | 会場とネット環境について……96
| 02 | 配信頻度と日時について……99
| 03 | 定期的な継続配信が大事……103
| 04 | Ustreamはテレビよりラジオに近い……105
| 05 | あなたのファンになってもらうためには……107
| 06 | 大切なのはありのままを伝えること……111
| 07 | コミュニケーションが劇的効果を生む……113

| 08 | アーカイブをYouTubeで活かす……114
| 09 | あなた自身を知ってもらおう……116
| 10 | リアルイベントを仕掛ける……118

5章　事例別運営方法とキャッシュポイント

| 01 | 店舗紹介型……122
| 02 | サービス紹介型……124
| 03 | 商品紹介型……126
| 04 | 情報発信型……128
| 05 | セミナー配信型……130
| 06 | 会員限定型……132
| 07 | バラエティ型……134
| 08 | ラジオ番組型……136

「自分TV®」をもっと知るための情報……138

6章　Ustreamのライブ配信方法

| 01 | Ustream配信に必要な機材……140
| 02 | ダッシュボードの使い方……144

| 03 | Broadcasterで配信する …… 148
| 04 | Producerで配信する …… 151
| 05 | オープニング、エンディングを作ってみる …… 154
| 06 | ソーシャルストリームを活用する …… 157
| 07 | アーカイブを考えた番組作り …… 159
| 08 | カメラとマイクについて …… 161
| 09 | Ustream配信の手順 …… 164

7章　視聴者＝潜在顧客の増やし方

| 01 | メディアで事前告知 …… 168
| 02 | Facebookへの投稿 …… 170
| 03 | Twitterでの告知 …… 178
| 04 | ブログで予告と報告をする …… 181
| 05 | メルマガで一斉告知 …… 184
| 06 | YouTubeで番組告知 …… 187
| 07 | Ustreamチャンネルページで各種登録 …… 190
| 08 | 配信中にソーシャルストリームでコメント …… 192
| 09 | 名刺やDMなど紙媒体での宣伝 …… 193

8章 よくあるトラブルとその対処法

| 01 | ウェブカメラやマイクが認識しないトラブル……196
| 02 | 音声に関するトラブル……198
| 03 | 録画(アーカイブ)に関するトラブル……200
| 04 | ライティングについて……202
| 05 | 配信が止まったり、うまくつながらない場合は……204
| 06 | 視聴者数に関する疑問……206
| 07 | 出演ゲストの探し方……208
| 08 | CM(コマーシャル)について……209
| 09 | 音楽や映像の著作権について……211

おわりに

装丁／齋藤　稔
DTP／朝日メディアインターナショナル

1章

小さな会社を救う「自分TV®」とは？

01 「自分TV®」は二つの動画共有サイトを活用する

　「自分TV®」とは、「Ustream」と「YouTube」という二つの動画共有サイトを利用してビジネスの売り上げを上げる活用法です。UstreamやYouTubeは「視聴して楽しむもの」であり、「自分のビジネスに活用できるもの」とは思っていない方がまだたくさんいらっしゃいます。しかし、誰もがパソコンやスマホで手軽にインターネットが使えるようになった今だからこそ、あなたのビジネスに「動画」を積極的に活用していただきたいのです。

● YouTubeは検索に強い

　YouTubeは、2005年2月から開始された米YouTube社が運営する動画共有サービスです。撮影した動画を投稿して、たくさんの人に見てもらうことができます。YouTube社は、検索エンジン大手のGoogleに買収されたこともあり、現在、検索サイトとしてはGoogleに次いで世界第2位です。どの企業も検索結果が上位に出るように、SEO対策にお金と時間を費やしています。しかし、YouTubeを活用することでお金も時間もかけずに検索上位に出せるようになるのです。しかも無料ですから、使わない手はありません。

● ありのままを伝えるUstream

　もう一方のUstreamは、2007年3月にアメリカで設立された動画共有サービスで、ライブ、つまり動画を生配信することができます。ライブ番組が利用できる動画共有サービスとしては、LINE LIVE、Facebookライブ動画、ニコニコ生放送、YouTube Live、ツイキャス、FC2ライブ、Stickam Japan!などがありますが、「自分TV®」では、比較的ビジネスとして活かしやすいUstreamを使います。

　Ustream番組でありのままの魅力を伝え、視聴者とリアルタイムにコミュニケーションをとる。アーカイブのYouTube動画でたくさんの人に見つけてもらい興味を持ってもらう。そして、あなたの「ファン」がどんどん増えていくことでビジネスを劇的に加速させていく。そんな今までにない動画活用法が「自分TV®」なのです。

● YouTubeで見つけてもらい、Ustreamでコミュニケーション

　例えば、商品、サービスの紹介動画、また、あなたが持っているノウハウを紹介する2〜3分のYouTube動画を毎日1本ずつ作ります。ターゲットを絞り、適切なキーワードが設定された動画は、やがて検索や関連動画で潜在顧客の目に止まります。そこからより詳細なランディングページに誘導したり、メルマガに登録してもらうことでUstream番組に誘導します。

Ustreamはコメントが投稿できるので、視聴者と配信者の距離が縮まり、わずかな時間でコアなファンになってもらうことが可能です。

● なぜライブが効果を発揮するのか

「YouTubeだけでもいいのでは……」と思われる方がいるかもしれません。YouTubeはGoogleと相性がよく、検索で上位表示されやすいのは確かです。しかし、YouTubeはいろいろな人がさまざまなレベルの動画をアップしているため、貴重な動画もあれば、いい加減な情報や稚拙なつくりのもの、また、都合のいいように編集や加工が施されているものなどなど玉石混淆です。しかし、Ustreamはライブ配信ですから、編集、加工ができず、ありのままを伝えるしかありません。だからこそ信頼性が高まるのです。

● 継続でマインドシェアを高める

ビジネス全般にいえることですが、大事なことは「続けること」です。メルマガ、ブログしかり、YouTubeやUstreamも継続して見てもらうことで、マインドシェア（相手の心に占めるブランドの占有率）が高まります。商品やサービスを選択する場面で、あなたのことを思い出してもらえるようになるのです。「自分TV®」は、このYouTubeとUstreamの両方を使うことで効果が何倍にもなります。

わたしは、自分TV「どんどん夢が叶う・メディカツ」と

いうUstream番組を、6年間で300回以上配信してきました。今では大勢の方が「自分TV®」を活用しています。潜在顧客に検索や関連動画でYouTube動画を見つけてもらい、Ustream番組でありのままを伝え、リアルタイムコミュニケーションで距離を劇的に縮めることのできる「自分TV®」こそが、最強の動画活用法なのです。ぜひ、YouTube、Ustreamを上手に活用することで、何倍ものパワーを手にしてください。

02 いろいろな使い方ができる Ustreamのライブ配信

　自分TVで最も力を入れているのが、Ustreamを使ったライブ番組の配信です。最近はUstreamの他にもライブ配信ができるサービスがいくつも登場してきたことでUstreamはもう古いといった声も聞かれますが、コストパフォーマンスにすぐれ、ビジネスにも活用できるという点で、いまだにUstreamが一番優れていると確信しています。重要なのはその使い方です。丁寧なリアルタイムコミュニケーションをとりながら、信頼性のあるライブ番組を継続配信していくことで、ブランディングや集客に劇的な効果が生まれます。
　ここでは、Ustreamのさまざまな使い方についてまとめてみます。

1章 小さな会社を救う「自分TV®」とは?

● 会議、イベントなどをライブ配信

会社で活用する場合、本社と支社、各営業所間などでUstreamを使った朝礼や会議をライブ配信できます。音声による相互コミュニケーションはできませんが、会議を視聴しながらコメントしてもらうことが可能です。Ustreamでは簡単なパスワード設定で、アクセスを制限し限られた人たちだけで視聴することができます。

イベントなどでもUstreamのライブ配信を積極的に活用しましょう。Ustreamを使うことで、その場にいる人しか知り得ない情報を、たくさんの人と共有することができるからです。お祭り、発表会、記念イベント、総会、結婚式、講演会、他にもいろいろとありそうです。わたしも、イベントでUstream配信を依頼されることがあります。自分TVのノウハウを持つことで、これまでのご縁をさらに広げて、新たに配信という仕事をいただけるようになります。

● セミナーをライブ配信

セミナーを開催されている方は、Ustreamを使うことで、同時にたくさんの方に受講していただくことができます。セミナー会場から配信することもできますし、好きな場所から一人でWEBセミナーを配信することもできます。また、パスワードを設定しておけば、事前に参加費を払っていただいた方だけにメールでそれを知らせ、有料セミナーとすることもできます。

なお、Ustream配信を無料で利用している場合は、パスワードで視聴できる人数は同時に10人までとなっていますが（2016年4月現在）、有料版（アドフリープラス）にすることで無制限となります。ただ、「10人限定」とすることで、逆に「えこひいき感」の出る効果的な使い方ができます。

● 店舗でのサービスをライブ配信

　店舗からサービスしている様子をそのまま配信してしまうのもありです。お客様にお店の様子をそのまま見せてしまうことで、来店のハードルを下げることができます。

　特に新規のお客様は、「お店の中はどんな雰囲気か？」「お客への応対はどんな感じか？」「実際のサービスはどのようにしてくれるのか？」など、さまざまな疑問を持っているものです。ライブ配信は、加工のない「ありのまま」を見せるため、配信するだけでそういった疑問に答えることができるのです。

　これまでは近くのお客様しか来なかったのに、店内やサービスを映す番組を配信することで、遠方からも来てくださるようになり、商圏が広がった事例はたくさんあります。

　ただ、来店されているお客様にお知らせしないで映すことは問題がありますので、事前に「Ustreamでライブで流してもよろしいでしょうか？」と確認したり、店内に「Ustreamで生放送中です。映りたくない方はお声がけください」などと貼り紙をしておくなどの対応をしておきましょう。

● オリジナル番組を配信

 ゲストを招いて行うトーク番組は、毎回相手が変わることで新しいコンテンツになります。一人で話すより緊張しませんし気分的にとても楽です。たとえゲストの話に相づちを打っているだけだとしても、「ありのまま」を伝えることで、ゲストの魅力、そしてパーソナリティのあなた自身の魅力も伝えることになるのです。

 わたしが「自分TV®」としてお勧めするUstream番組とは、居酒屋でお酒を飲みながら二人で話している姿を、ちょっと離れたところから聞き耳を立てているような感覚、といえばわかりやすいでしょうか。台本通りに話すよりも、打ち合わせのない自然なやりとりが視聴者の共感を呼ぶのです。

どら焼きを食べながら配信。注文が殺到

「動画」で「ありのまま」を「ライブ」で伝え「リアルタイムコミュニケーション」をとることで、たった1時間で商品やサービス、そしてあなた自身のファンになってもらうことが可能になります。「自分TV®」を始める際には、まずゲストとのトーク番組からトライしてみましょう。

03　スマホやタブレットで「自分TV®」を始めてみよう

　「自分TV®」を始めてみたいけれどパソコンを持っていないから……、という方もいらっしゃるかもしれません。基本的にパソコンを使った形でのビジネス活用をお勧めしますが、パソコンがなくても始めることは可能です。ここではiPhoneやiPadを使った活用法についてお伝えします。

● 簡単に動画を撮影、編集、アップロード

　今はスマホを持っていない人を探すのが難しいほど携帯端末が普及しています。その用途は、メール、電話やLINEなどの通信手段、ネットの使用がメインでしょう。しかし、動画を撮影してYouTubeなどにアップロードをすれば、スマホが立派なコンテンツ製造マシンに変わるのです。なかでもiPhoneやiPadにはiMovieという優秀な編集アプリがあるため、撮影、編集、YouTubeへのアップロードという一連の作業が一つの端末

だけで完結してしまいます。あまりに簡単なため、一度味わうとビデオカメラによる撮影に戻れないくらいです。

例えば、毎日更新するために商品やサービスの紹介動画を作ろうとする場合、わざわざビデオカメラをセットしてパソコンに取り込んで編集するよりも、端末のみで作業ができるため大変スピーディーです。また、お客様の感想動画などは、ビデオカメラを構えるよりも、より自然な感じで収録することができます。

iPhoneでもiPadでもアプリの使い方は一緒です。ここではiPhoneでの動画の作成についてお伝えします。

まず写真撮影と同じようにカメラのアプリを起動します。ここでカメラからビデオに切り替えます。録画ボタンを押すことで撮影が始まり再度押すことで終了します。動画はデータ容量が大きく、長時間の撮影はディスク容量をたくさん使いますので注意してください。YouTubeチャンネルを持っていれば、撮影が終わったらそのままワンクリックでYouTubeにアップロードできます。どうです？　簡単でしょう。

編集、加工なしでも構いませんが、撮影後にタイトルや音楽をつけることで見違えるような作品に仕上がりますので、編集ソフトを使った加工にもチャレンジしてみましょう。iMovieは、iOS7以上であれば無料で使えます。もし見つからないようでしたらApp Storeからダウンロードしましょう。iMovieでは、映像の不要なところをカットしたり、タイトルやBGMをつけることができます。また、予告編というテンプレートがあ

ります。これを使用すれば簡単に映画の予告編のような映像を作ることも可能です。編集後は、iMovieからワンクリックでYouTubeにアップロードすることができます。

● **スマホやタブレットでライブ配信しちゃおう！**

パソコンを使わなくても、スマホやタブレット端末とネット環境があればライブ配信もできます（ただしAndroidのUstreamアプリは、iPhone、iPadほど使い勝手がいいとはいえません）。

まずは、Ustreamのアプリをダウンロードしましょう。パソコンがなくてもアカウントを登録して、すぐに配信が開始できます。思うほど画質は悪くありませんし音もかなり拾ってくれます。

手に持ちながら配信するのは疲れます。揺れて不安定な画面になるので、三脚等に設置して配信します。スマホには小さくて携帯しやすいミニ三脚を使うと便利です。

こうしたスマホやタブレットからの配信は、パソコンが故障したときや、有線LANが使えない場合など、いざというときにも役に立ちますので覚えておいて損はありません。ぜひ、一度試してみてください。

例えば、ネットで配信しても問題ないセミナーや講演会などは、その場から気軽に配信してみましょう。また、セミナーの後の懇親会を配信して、楽しい雰囲気をアピールするのもいいでしょう。

ただし、こういった配信方法は、あくまでも簡易的なものとお考えください。ビジネスでお金をいただいて配信する場合や、ご自身のブランディングを考えた番組を検討している場合は、パソコンを使ってある程度のクオリティを確保し安定した配信をすることが大切です。

04 文字や写真で伝えづらいものにこそ動画は効果的

テキストや画像に比べ、動画は数千倍の情報量があるといわれています。文字や写真だけでは伝わりにくい商品やサービスは、短時間でも動画を使った方が確実に伝わります。

● そのままを伝えるだけで理解される

多くの店舗では、提供するサービスや商品について看板や貼り紙を出しています。しかし、そのほとんどが「伝えた気」になっているだけで、実は大事な情報が伝わっていないことが多いようです。

「何をしてくれるのか？」「何に使えるのか？」「どんな雰囲気なのか？」「見るだけでもいいのか？」こういった基本的な情報を伝えていないのに、「お客様が来ない」といっているお店がたくさんあります。

まずは、ツールを使いこなす前に、あなたの意識を変えてい

きましょう。その上で、わかりづらいであろう商品やサービスの説明を動画で伝えていくのです。

● 店舗の中の様子をライブ配信

　店舗をお持ちなら、お店の中の様子を配信するだけで雰囲気を伝えることができます。壁紙、机、椅子、置かれている小物、明るさ、接客の様子、サービスの内容……、あらゆるものが一瞬で伝わります。

　店内を見られてしまうことは、お店側にとっては勇気がいるかもしれません。でも、お客様にとって初めての店舗に入るのはもっと勇気がいることです。どんなお店なのかという疑問や不安を取り除くことで来店のハードルが下がり、一歩足を踏み込んでくださるのです。

　もちろん、ウェブサイトに画像やメニューを載せていれば、それなりに様子は伝わります。そこに信頼性のあるライブ配信を加えることで、さらに他店との差別化が図れるのです。

　あなたは、ウェブサイトに店内の画像が数枚掲載されているお店と、現在の様子がライブで見られるお店とでは、どちらを信用しますか？

　例えば、商店街を歩いていると、眼鏡店、スポーツ用品店、書店、理容室、エステティックサロン、ペットショップ、洋品店、ラーメン屋、ケーキショップ、寿司屋、レストラン、スナックなど、中の様子がわかれば入ってみたいと思うお店がたくさんあるはずです。

1章 小さな会社を救う「自分TV®」とは?

ヘアカット生放送「プラチナウーマンTV」

　お客様が何を知りたいのか?　それを考えれば、何を映すべきかがわかってきます。営業時間中、固定カメラで配信しているだけでいいのです。ウェブカメラかビデオカメラ、そしてパソコンがあればすぐに配信可能です。

　選ばれるお店になるために、ライブ配信に挑戦してみてください。

● **商品ができるまでの途中経過を生配信**

　普段お客様が見られないところを見せることで信頼性が高まり、来店者が増えたり、売り上げが上がったりします。

　例えば、商品の企画会議の様子をライブ配信したり、商品を作り上げる過程の情報を配信してコミュニケーションをとってみましょう。すると、それを見た人は、自分も制作に参加しているような感覚になり、商品に大きな関心を寄せてくださるよ

うになります。でき上がるまで継続的に配信することで、確実に相手のマインドシェアを高めることができるのです。

　一つの商品を作るにあたり、これまでは社内だけで検討してきたものをUstreamのライブ番組として配信することで、一般の視聴者に見ていただき、ときにはアイディアのコメントをもらいながらまとめていく。そして、途中で何度も没になりながらも試作を続け、応援のコメントをもらいながらやがて完成。そのときの喜びは、Ustreamの視聴者も同じように共有できるのです。そして、ソーシャルメディアでの拡散があることも忘れてはいけません。共感と共有で、感動は一気に広がります。

　例えば、職人ならではの技が活かせる商品であれば、ライブ配信の醍醐味は一層増します。商品ができ上がるまでの途中経過は、ほとんどのエンドユーザーは知ることができません。そこをあえてライブで配信してしまうのです。完成と同時に、視聴者はその商品がほしいという欲求にかられるでしょう。

● **ありのままの魅力を伝える**

　文字や画像だけでその人の魅力を伝えるのは難しいものです。だからこそ、情報量が多い動画を活用してほしいのです。あなたが役者やアナウンサーなら、表情や言葉で意図的に相手に思いを伝えることができるかもしれません。しかし、「自分TV®」を活用するわたしたちの多くは素人です。脚本通りに自然に話すことは難しいし、不自然な演技は視聴者離れを生むだけです。

わたしの受講生のUstream番組のほとんどが、ゲストを招いて経歴や仕事について話してもらう対談形式です。そこに演技は必要なく、普段通りの自然な会話をするだけです。それだけですが、充分ありのままの魅力が伝わり「ファン」になってしまうのです。

05 コミュニケーションが距離を縮める

インターネットテレビ「自分TV®」のUstream番組最大の特徴は、「リアルタイムでコミュニケーションがとれる」ところにあります。ここを十分活用していないUstream番組は、ファン作りを放棄しているようなものです。

逆に上手に活用している番組は、短時間であなたのファンにさせることができます。

● ソーシャルストリームを見逃すな

「自分TV®」でビジネスを加速させたいのであれば、Ustreamの番組配信では「ソーシャルストリームを通してのコミュニケーション」を十分に活用してほしいのです。

ソーシャルストリームとは、コメントを投稿することによって、配信側と視聴者全員がリアルタイムに情報を共有できるサービスです。また、Twitter、Facebook、mixiのアカウントを

持っている場合はコメントを拡散することができます。

　ソーシャルストリームは、パソコンの場合は視聴画面のすぐ右側に表示されます。スマホやタブレットでは、一部のブラウザですとコメントできないことがありますが、Ustreamのアプリを使うことでコメント投稿ができるようになります。視聴者は、番組で見たり聴いたりしたことに対して質問や感想などを投稿してくれますが、これが宝の山なのです。まず、現在の画面や音声の状態などを的確に伝えてくれます。配信側にはこれがとてもありがたいことなのです。なぜなら、「自分TV®」のUstreamはスタッフ０人の一人配信が基本なので、番組進行中の視聴状態に注意が回らないことがよくあるからです。そこに

ソーシャルストリームの表示

「画面も音声もバッチリです！」とコメントが投稿されることが、配信側にはとてもありがたいことなのです。逆に、「音声が小さいですね」とか「あれ？　画面真っ暗です」などの投稿があると、こちらの不手際に気がつき、すぐに対応して修正することが可能です。また、「このコーナーいいですね」「ゲストの話をもう少し聴きたかった」「このBGM余計かも？」など、番組に対する意見や感想なども貴重な情報となります。

● リアルタイムコミュニケーションでコミュニティ

　小さな会社や個人事業主が、今後長いスパンで売り上げを上げていくためには、「ファンを増やす」ことが重要です。「自分TV®」は、短時間でファンを増やすためのツールとして最強です。そのためにソーシャルストリームを最大限に活用しましょう。

　まずは番組中に、視聴者がソーシャルストリームに投稿したコメントを、徹底的に拾って読み上げてください。ソーシャルストリームに投稿すると、その番組を視聴している全員がそのコメントを共有できるわけですが、配信側がコメントを読み上げることで、距離が一気に縮まり、視聴者全員と一体になることができるのです。

　わたしの番組では、すべてのコメントを名前と一緒に読み上げます。時にはカメラに向かって「コメントありがとう！」と叫びながら大きく手を振ります。

　すると、「まるでテレビの中の人が、自分の名前を呼んで手

を振ってくれている」ような、これまで経験したことのないリアクションに視聴者は驚き、感動してくれるのです。

● ネガティブや誹謗中傷のコメントには

「リアルタイムで誹謗中傷のコメントって来ませんか？」
企業のお客様で一番多い質問です。

わたしは6年間で300回以上Ustream番組「メディカツ」を配信してきましたが、誹謗中傷のコメントは1件もありませんでした。ただし、そっけなかったり誤解を生むようなコメントが来ることはあります。Ustreamのソーシャルストリームに1回で投稿できるコメントの文字数は約100文字です。そのため、番組がライブで進行するため見直しをする余裕がなく、言葉が足りずに誤解を生むことが起こりやすいのです。

初めての方から、ぶっきらぼうだったり、ドキッとするようなコメントがつくと、配信側はつい身構えて読み上げなかったり冷たい対応をとりがちです。しかし、そういうときの対応がとても大切です。コメントを読み上げて、丁寧にコミュニケーションをとり真摯に対応しましょう。そうすることであなたのファンになってくださり、次回から好意的なコメントを投稿してくれるようになります。

ただ、それでも誹謗中傷を繰り返すような方がいる場合は、管理人やモデレーターがコメントを削除したり、場合によってはそのチャンネルでのコメント投稿の利用を停止させてください。

06 フォローの番組で差別化

「自分TV®」は、Ustreamのライブ配信を見てもらい、リアルタイムにコミュニケーションをとることで効果が出てくるのですが、フォローアップの番組を配信したり、パスワードを使って特定の人だけに見てもらうことで差別化を図ることもできます。

● **フォローアップの番組とは？**

セミナーや研修などでは、懇親会がある場合を除き、終了後に参加者とやり取りすることはほとんどありません。アンケートをもらった後にメルマガを送る場合はありますが、アンケートそのものを活かしている人が少ないというのが実情です。

そこで、セミナーなどが終了した後に、フォローのための番組を配信してみましょう。参加者は、セミナーでは納得したつもりでも、いざアウトプットしようとすると、なかなか上手に再現できないものだからです。

例えば、アンケートに「フォローのライブ番組の視聴希望」というチェック項目を設け、そこにチェックしてくれた人に、後からメールでフォローアップ番組の告知を流します。番組は、講師一人で会議室などからの配信でかまいませんし、場合

によっては会場にセミナー参加者を数人招いてもいいでしょう。セミナーで話しきれなかったさらに詳しい内容や、ここだけの話、また、参加者から質問をしてもらってそれに答えるなど、より親近感のある番組にします。

● バックエンドのクロージングに

　セミナーや研修、講演などの後は、参加者も高揚感が残り、より深く学びたいという気持ちになっているものです。もしあなたに、コンサルティングや講座、DVDなどのバックエンド商品があれば、その機会を逃さず、フォローアップの番組で各種情報を流しながら、そこで得られるメリットや受講者の感想などを紹介します。さらに、その場で申し込んだ方だけの特典を用意して、クロージング（顧客と契約すること）してみましょう。

　クロージングの場合は、通常の視聴ページではなく、Ustreamの画面と問い合わせフォームを設置したランディングページを作ります。より具体的な質問にも答えられるため、成約率が高まります。Ustreamの画面の埋込みは、無料版でも可能です。ダッシュボードから「埋め込みコード設定」を選び、プレイヤーのみの埋め込みコードをコピーして、そのままランディングページに貼りつけるだけです。

　問い合わせフォームは、googleドライブを使えば無料で簡単に設置でき、問い合わせ結果をエクセル形式で書き出せるので便利です。

1章 小さな会社を救う「自分TV®」とは？

ランディングページ

また、ランディングページの一番上と下には、申し込みフォームへリンクさせた、わかりやすいバナーを作って貼っておきましょう。

● パスワード配信で差別化

　Ustreamは、パスワードが簡単に設定できます。

　パスワードを設定して、課金した人だけにメールでパスワードを知らせてセミナーを開催したり、会員だけに番組配信をするなど、使い道はいろいろ考えられます。例えば、抽選会をして当選した人だけに配信、というのも面白いかもしれません。

　これから会員を募る場合も、「会員にはパスワードでフォローアップのライブ番組を配信」と特別感を出したり、イベントやキャンペーンなどで、「あの著名な○○さんと一緒に、パス

パスワード画面

ワードで番組をライブ配信」とすることで、特典の一つとすることもできます。おもしろいアイディアを考えて、活用してみてください。

パスワードは、ダッシュボードから「セキュリティ」→「パスワード設定」で、自分の好きな英数文字を入れるだけで簡単に設定できます。

07 "だだ漏れ" から見てもらうライブ番組へ

わたしがメディカツの配信を始めた2010年頃は、「Ustreamのライブ配信はテレビとは違う！　親近感があって楽しい！」と、ライブチャンネルがたくさん出てきました。テレビと違ったダラダラ感が新鮮で、驚くほど多くの視聴者を集めるチャンネルも現れたのです。現在は若者を中心にさらにテレビ離れが進み、携帯端末を意識したライブ配信が増えてきました。これからはテレビとは違う、そしてスマホでも楽しめるライブ番組を考えていく必要があります。

● **テレビとラジオとライブ配信がミックス**

そこで、ライブ配信のだだ漏れゆるゆる感と、テレビの見て楽しんでもらう構成、さらにラジオでリスナーからのハガキやメールを読み上げるワクワク感をミックスしたのが「自分

TV®」のUstream番組です。

①オープニング、エンディングを付ける

　簡単な画像1枚でも構いません。これがあると番組らしくなります。

②2人以上でのトーク番組

　対談というより楽しくおしゃべりといった感覚でしょうか。

③ソーシャルストリームでのコミュニケーション

　視聴者とのリアルタイムコミュニケーションが最も重要です。

④配信時間延長あり

　盛り上がれば延長（笑）。そのぐらいの気持ちで構いません。

● **放送事故が逆に楽しい**

　Ustream番組の特性として、今しか味わえないライブ感というものがあります。番組中のトラブルや、テレビでいうところの「放送事故」に相当する出来事が、実はUstream番組では視聴者に楽しんでもらえるのです。

　番組の開始時間になれば始まり、終了時間が来れば終わる。テレビやラジオでは当たり前のことです。Ustream番組は、本番開始15分ほど前からアイドリングタイムといって準備風景を配信します。このとき、すでに視聴者の方からコメントをいただくのでMCが読み上げます。リアルタイムコミュニケーションで本番前から盛り上がってしまい、開始時間になって番組

1章 小さな会社を救う「自分TV®」とは？

ゆるさとワクワク感をライブで楽しむ

を始めるのを忘れてしまうことも……。そして番組は進行するのですが、とっくに終了時間を過ぎているのに話が盛り上がって終わる気配もない。「では終わります」といってもなかなか終わらない（笑）。テレビでは放送事故になってしまうそんなゆるさを、Ustream番組では視聴者と一緒に「ライブ」で楽しんでしまうのです。

08 「たくさんの人」より「大好きな人」を増やす

ビジネスで「自分TV®」を活用する場合、誰に見てもらうかということはとても大切な要素です。視聴者数が多くても、興

味のない人に見てもらっていたのではあまり意味がありません。あなたやあなたのビジネスに興味を持ってくれる人を集め、ファンを増やしていきましょう。

● **応援してくれるあなたのファンを増やしましょう**

インターネットが普及し、距離や時間に関係なくビジネスができる環境になり、一瞬にして多くのお客様を集めることが可能になりました。さらにFacebookなどのSNSが広まったことで、ネット上でも顔の見えるコミュニケーションが増えてきました。

そのため、インターネットでのビジネスにおいても、匿名ではなく「〇〇さんから」商品を購入する、「〇〇さんの勧める」サービスを受ける、など、「何を」から「誰が」にウエイトが移ってきたのです。しかも、この口コミによる拡散にはほとんどコストがかからないという大きな魅力があります。今後もこの流れは変わることはないでしょう。それだけに、小さな会社がビジネスを加速させるためには、口コミや応援してくれるファンを増やすことが重要です。

あなたやあなたの商品のファンになってくれるということは、今後宣伝や告知のツールが変わろうと、ファンであることは変わらないのです。TwitterやFacebookがなくなろうと、他のツールにとって代わろうと、あなたとアクセスすることさえできれば関係は何も変わりません。そういったファンを少しでも多く作っていくことが大切です。

● 大好きな人=ファンに見つけてもらう

では、あなたのファンになってくれる人はどこにいるのでしょうか？ ここを見誤るとむやみに告知や宣伝をしても結果は出てきません。

まず、困っていることを解決したいと悩んでいる人に向かって、ブログの記事、ソーシャルメディアの投稿、メルマガの記事を更新していきます。あなたがどういった仕事をして、どのように解決できるのかを詳しく伝えていき、メルマガの登録やYouTube、Ustreamのチャンネル登録へと誘導します。あなたの人柄や仕事に興味を持ってくれた方々に、事前告知をすることで潜在顧客=視聴者を増やしていくのです。

2章

小さな会社の「自分TV®」活用事例

01 メガネのマエダTV
―― 遠方の新規顧客獲得！

■開始日　2014年2月
■配信日時　隔週木曜日12:00 〜 13:00
■Ustream　http://www.ustream.tv/channel/maedakoganei

● 老舗のメガネ屋さんが紙媒体からネットでの集客へ

　東京のJR中央線武蔵小金井駅南口、イトーヨーカドー武蔵小金井店3階にあるメガネのマエダは、創業60年の老舗のメガネ屋さんです。

　メガネのマエダは老舗だけあって、この地域で唯一同店だけが扱うブランド物のメガネがたくさんあります。この強みをもっと前面に押し出すために、ブランドのメガネを紹介する2分ほどの動画をiPadで作ってもらい、それをYouTubeに毎日2本ずつアップしてもらいました。さらに、アメブロ（アメーバブログ）を開設して、毎日メガネの紹介記事を2本書いてもらい、さらにそこにYouTube動画を貼ってもらいました。

　YouTubeとブログを開始してから1か月後に、山口県や秋田県などから問い合わせがあり、その後も動画やブログを見たという方が他県から来店され、注文や問い合わせが入りました。

● Ustreamのライブ番組を開始

　YouTubeの動画を作成するのとほぼ同時に、店頭で月2回、

第43回 メガネのマエダTV　ゲスト：カリスマ主婦
清水直記副店長　　　川原美紀さん　　　前田稔社長

「メガネのマエダTV」

ゲストを招いてのUstreamのライブ番組を開始。前田社長と副店長の清水さんがパーソナリティとなって、ブランドメガネの最新情報、メガネの豆知識を楽しく伝える１時間番組です。視聴者からの質問に答えるなど、ここでもリアルタイムコミュニケーションの力を存分に活かしました。すると、この番組でのコミュニケーションをきっかけに、来店してメガネを購入してくださる方が次々に現れたのです。

このように「自分TV®」を活用することで、今まで気づいてもらえなかった方に見つけてもらい、すぐにファンになってもらうことも可能なのです。しかも、商圏は近隣にとどまらず全国、海外にまで広がりました。

ビジネスにインターネットを活用するのであれば、商圏を限定する必要はないのです。

02 自宅で楽しむ子育てテレビ
―― イクカツで「孤育てゼロ」の社会を目指したい

■開始日　2015年4月
■配信日時　毎週木曜日10:30～11:30
■Ustream　http://www.ustream.tv/channel/ikukatu

● 自分TVマスター講座受講中に配信開始

大阪にお住まいの中野美紀子さんは、特定非営利活動法人イクカツ代表であり、ママの行列ができるベビー系教室づくり講師として活躍中です。

お母さんは自由に外に出られないため、自宅から情報発信でき、それを受ける側も自宅で学べる仕組みがないか考えていたところ、わたしの「自分TV®」に出会いました。

まず、中野さんは自分TVセミナーのオンライン動画を購入し、その後、第1期の自分TVマスター講座【通信コース】を受けられました。通信コースは、動画視聴とSkypeの個人コンサルだけで「自分TV®」をマスターするコースです。

結果として、中野さんとは一度もお会いすることなくマスターしてもらうことができました。

中野さんのすごいところは、受講中にもかかわらず番組配信を開始してしまったところです。しかも、初回から120人以上の視聴者がありました。

左がMCの中野美紀子さん。「自宅で楽しむ子育てテレビ」

● 自宅にいながら楽しめるのがメリット

　産後は外出しづらいことが多く、中野さんもお嬢さんを出産後、引きごもりがちな時期があったそうです。そんなとき、救われたのがネット検索で見つけた赤ちゃん連れで楽しめる教室だったのです。自宅でそんな体験できたらいいのにという思いから「自宅で楽しむ子育てテレビ」が生まれました。現在は、子育てのお母さんに役立つ情報満載の人気Ustream番組になっています。

　2015年9月に「特定非営利活動法人イクカツ」を立ち上げ、行政や子育て支援の方々とのつながりもできて、活動範囲が広がってきたといいます。今後は、自分TV「自宅で楽しむ子育てテレビ」を活用して、「孤育てゼロ」の社会を目指していきたいと、中野さんの夢はますます広がっています。

03 アップヘアー発毛・育毛チャンネル
―女性会員も増加中

■開始日　2015年8月
■配信日時　第2・第4土曜日20:00〜21:00
■Ustream　http://www.ustream.tv/channel/scalp100-1

● 育毛発毛についての正しい情報を発信

　発毛研究家である本間初枝さんのUstream番組は、毎回ゲストにハリとツヤのある髪になると大人気の「頭皮デトックス」のコースを配信前に体験してもらい、番組中にその感想を聞いています。生放送のため信頼性はぐっと高まります。自分のお店から配信するというのも、雰囲気が伝わっていいと思います。

右が本間初枝さん。「アップヘアー発毛・育毛チャンネル」

04 一生成長TV
——「いまここ」を夢中で生きるを応援

■開始日　2014年7月
■配信日時　毎週金曜日20:00〜21:00
■Ustream　http://www.ustream.tv/channel/1showseicho-tv

● 素晴らしいゲストの人生から学ぶ番組

　MCは経営コンサルタントの室井俊男さん。会いたい方をゲストにお呼びして楽しく話を伺いながら、たった1時間で気付きが得られる番組。一生成長を志し、自分の体験だけでなく、素晴らしいゲストの人生から学ぶことができれば二倍、三倍と"いまここ"の人生を生きることができるはずです。

右が室井俊男さん。「一生成長TV」

05 ハラチャンTV
―― 地域・街をテーマにしたトークバラエティー番組

■開始日　2015年1月
■配信日時　毎週金曜日19:00〜20:00
■Ustream　http://www.ustream.tv/channel/harachantv

● 印刷会社の社長がゲストとおもしろトーク

原田シール印刷所の原田豊社長が配信している「ハラチャンTV」は、①その人とその街の魅力をお伝えして、地域や街が少しでも元気にそして活性化してもらえるように応援する、②各業界の専門家をお呼びして、その方の仕事や魅力をお伝えして応援する、という二つのコンセプトで配信しています。

右が原田豊さん。「ハラチャンTV」

06 ママタレントTV
―― みんなのスマイルをプロデュース

■開始日　2015年10月
■配信日時　毎月2回　1時間　不定期
■Ustream　http://www.ustream.tv/channel/DpjsYGrs8Pc

● **才能あるママたちを紹介する番組**

「タレント（talent）」とは芸能人を意味する言葉だけではなく、英語で「才能ある人」のことをいいます。この番組は、SMILE CHANCEプロデューサーのMAIKOさんが、魅力的なタレント事業を行うママ（ママタレ）をゲストに迎えて、視聴者の知りたい情報を提供しながら応援します。

右がMAIKOこと向井真衣子さん。「ママタレントTV」

07 伝え方の学校、ウランの元気TV
―― 「大丈夫、すべてうまくいく!」が合言葉

■開始日　2015年12月
■配信日時　第2・第4水曜日 20:00 ～ 21:00
■Ustream　http://www.ustream.tv/channel/b6d3jQJLyxv

● NLPに特化したお得な情報満載

　米国NLP協会認定マスタートレーナーの浦登記さんがゲストを迎え、人生が好転するコミュニケーションや出会い、チャンスなどについて語ります。コミュニケーション心理学NLPのヒントコーナーが人気です。職場での苦手な人間関係改善や、手が届きそうで届かない夢の実現のヒントが得られます。

右が浦登記さん。「伝え方の学校、ウランの元気TV」

08 湘南逗子発　有村ヨウコ JAZZ Night Cafe TV
―― JAZZの魅力をライブ配信

■開始日　2016年1月
■配信日時　第2・第4木曜日20：00 ～ 21：00
■Ustream　http://www.ustream.tv/channel/Ywr4HtQ5r6r

● 湘南逗子から発信する音楽バラエティ番組

　ジャズボーカリストの有村ヨウコさんが、毎回ゲストをお招きして楽しいトーク番組を発信します。ゲストの魅力、音楽の魅力、そしてコンサートのことなど盛りだくさんです。ミュージシャンがゲストのときはサプライズライブが大変好評です。そしてエンディングはワインで乾杯♪

左が有村ヨウコさん。「湘南逗子発　有村ヨウコ JAZZ Night Cafe TV」

09 調ゆうのエンタメTV ～ルシーラの小部屋
──元タカラジェンヌのプロデューサーが情報発信

■開始日　2015年10月
■配信日時　毎月2回　1時間　不定期
■Ustream　http://www.ustream.tv/channel/xngWsyXDq98

● イベント情報満載のエンタメライブ！

　元タカラジェンヌの調ゆう（しらべ ゆう）さんが、ステキなゲストをお迎えして楽しくトークを展開する番組。映画、舞台、タカラジェンヌなど、魅力的な方々を紹介して行きます。著名なゲストとのリアルタイムコミュニケーションからは目が離せません！　イベント情報も満載でお届けします♪

中央が調ゆうさん。「調ゆうのエンタメTV ～ルシーラの小部屋」

10 uenotakakoの俳句TV
——俳句作家上野貴子がライブで情報発信

■開始日　2013年12月
■配信日時　毎週水曜日20:00～21:00
■Ustream　http://www.ustream.tv/channel/uenotakakonomytv

● 俳句好きにはたまらない俳句専門番組

　俳句作家の上野貴子さんがお送りする俳句専門ライブ番組。俳句日記のご紹介、ミニエッセイの朗読、俳句講座の他、毎日のNewsから生活情報、演劇や絵画芸術のエンタメ情報など盛りだくさんです。毎月1回ゲストをお呼びしてのトークも人気。平日朝6:50からは「今朝の一句」もお届けしております♪

上野貴子さん。「uenotakakoの俳句TV」

11 る〜り〜の大部屋　著者の本棚
―― 本にまつわる情報発信番組

■開始日　2014年4月
■配信日時　第2・第4月曜日20：00〜21：00
■Ustream　http://www.ustream.tv/channel/rurinooobeya

● 著者のここだけの話に興味シンシン！

「5分会議」の研修講師・沖本るり子さんが、さまざまな著者をゲストに迎えてお送りするトーク番組。①想い出の本は？（自分の本を除く1冊）、②著書を語る、③お薦めの本は？（自分の本を除く1冊）など、「本」について熱く語ります。これから出版を考えている方にも人気のライブ番組です。

右が沖本るり子さん。「る〜り〜の大部屋　著者の本棚」

12 プラチナウーマンTV
——女性起業家を応援

■開始日　2015年3月
■配信日時　不定期
■Ustream　http://www.ustream.tv/channel/platinumwomantv

● 動画配信でサポートをする！

　「Platinum Woman TV（プラチナウーマンTV）」は、女性起業家のための動画応援サポーター Ryoさんこと実藤亮介さんがMC（司会者）となり、第一線で光り輝く女性を紹介し、応援するトーク番組です。場所を固定せず、カフェ・美容室・コワーキングスペース、さらには海外などからも配信しています。

左が実藤亮介さん。「プラチナウーマンTV」

13 小児科医ママ・子育て応援TV
―― 現役小児科医が子育てママを応援

■開始日　2015年1月
■配信日時　隔週火曜日13:30 ～
■Ustream　http://www.ustream.tv/channel/kayokotoriumi

● 親子での味のあるトークが好評

　千葉県で「とりうみ小児科」の院長をされている鳥海佳代子さんは、地元での講演、本の出版、またテレビやラジオへの出演など、積極的に活動されています。看護師であるお母様と二人で、小児科のお話、子育てのお話などをライブ配信。子育て中のお母さん方に勇気や元気を与える番組です。

左が鳥海佳代子さん。「小児科医ママ・子育て応援TV」

14 アクトドリームCHANNEL
──アクトドリームサポートがお送りする情報番組

■開始日　2015年6月
■配信日時　不定期
■Ustream　http://www.ustream.tv/channel/actdream

● 会員向け講座のパスワード配信も好評

　集客売上アップコーチ・コンサルタントの中村博さんが、ゲストをお呼びしてのトークや視聴者からの質問に答える情報発信番組です。「中村式心理学マーケティング」を全国各地で開催しながら番組も現地で配信。また、パスワードを使った会員向け講座のライブ配信も受講生に大変好評です。

左が中村博さん。「アクトドリームCHANNEL」

2章 小さな会社の「自分TV®」活用事例

15 こつがいきょうこのヒーリングアートTV
──山梨のアトリエからアーティストがライブ配信

■開始日　2015年1月
■配信日時　毎月新月の日　20:00 ～ 21:00
■Ustream　http://www.ustream.tv/channel/healingart

● 一緒に参加できるパステルアートが大人気

　宇宙を描く画家　光の表現者®のこつがい（小番）きょうこさん、英世さん夫妻の番組。制作した絵画の紹介や、視聴者が一緒に実践できるパステルアートのコーナーがあります。写真だけではわからない制作者の思いや絵の質感が伝わってきて、番組を見て絵を購入する方もいらっしゃいます。

左がきょうこさん、右が英世さん。「こつがいきょうこのヒーリングアートTV」

16 はち巻子のデコロールTV
── デコ巻きずしインストラクターはち巻子の
エンタメTV

■開始日　2015年11月
■配信日時　不定期
■Ustream　http://www.ustream.tv/channel/nanairo-roll

● デコ巻きずしを作る楽しさをライブ配信

　デコ巻きずしインストラクターはち巻子こと若生久美子さんが、毎回いろいろな職業や趣味をお持ちのゲストをお迎えし、一緒にデコ巻きずしを巻きながらお話しするトーク番組。デコ巻きずしは、金太郎飴のように切り口がかわいい絵柄になっており、カットした瞬間のゲストのリアクションが楽しみの一つです。

左が若生久美子さん。「はち巻子のデコロールTV」

2章 小さな会社の「自分TV®」活用事例

17 髙橋珠美―海外ノマドワーカー300日
――ブランディングのヒントが満載

■開始日　2014年5月
■配信日時　第2・第4水曜日21:00～22:00
■Ustream　http://www.ustream.tv/channel/onw300

● **ゲストと一緒にブランディングについて情報発信**

　ブランディングデザイナー髙橋珠美さんが、海外ノマドワーカー生活300日の中で、日本国内、海外のクライアントを訪ねブランディングの極意を探り紹介して行く情報番組です。シドニー、プラハ、パリ、フロリダ、ハワイ、日本から配信中です！

右が髙橋珠美さん。「髙橋珠美―海外ノマドワーカー300日」

18 アラフィフ美容家・寺田美香の美々人Vividチャンネル
―― ビューティープロデューサーがお送りする美容情報

■開始日　2015年2月
■配信日時　第4日曜日20:00～21:00
■Ustream　http://www.ustream.tv/channel/vivid-mika

● 横浜のエステサロンからライブ配信

　1981年から化粧品に携わってきたアラフィフ美容家・寺田美香さんが、横浜・元町オーダーメイドエステサロンからライブ配信。「元気でキレイな100歳を目指す」ための生活習慣や美容情報を、ステキなゲストとおしゃべりしながら楽しくお届けしています♪

左が寺田美香さん。「寺田美香の美々人Vividチャンネル」

19 ジュエル　チャンネル
　　——ジュエルのようなゲストの輝きをご紹介

■開始日　2015年10月
■配信日時　1時間　不定期
■Ustream　http://www.ustream.tv/channel/ayapu-7

● 3Dボディジュエルの楽しさもライブ配信

　3Dボディジュエル・アーティストの石川彩さんが、今もっとも輝いている方をゲストにお招きし、お仕事やプライベートのお話などをお聞きしながらありのままの魅力を引き出します。番組の中で、3Dボディジュエルの楽しさや魅力もお伝えしています。

左が石川彩さん。「ジュエル　チャンネル」

3章

「メディカツ」が6年間300回も続いた秘密

01 メディカツはこうして誕生した

● 見よう見まねで始めたUstream番組メディカツ

わたしは、中学生のときから8ミリカメラを回していました。高校、大学でも映画を作り、仲間と一緒に上映会を開くなど、映像表現に強い関心がありました。社会人になってからは、パソコンで動画編集をしたり、ウェブで動画を配信したりと、仕事にも映像を取り入れてきました。

そして2010年、日本語に対応したライブ配信のUstreamと出会い、よくわからないまま、ゲストを招いて対談するUstream番組「メディカツ(メディアコミュニケーション活用塾)」の配信を始めたのです。

Ustreamに出会った当時は、日本語のマニュアルは存在せず、ネットですら詳しい情報がありませんでした。そんなとき、この業界では有名な㈱ヒマナイヌの川井拓也さんが「USTREAMER養成講座」を開催しているのを知り、2010年5月12日に早速受講。そこで得た情報をもとに機材を揃え、MacBookProにminiDVカメラをFirewireで、YetiマイクをUSBでつなぎ、何回かテスト配信を行いました。まずは一回番組を配信してみようと、お付き合いのあった名刺の専門家の高木芳

「メディカツ」第1回ゲストの高木さん

紀さんをゲストにお呼びして、おもしろ名刺の紹介をすることにしたのです。

　配信会場のわたしの事務所には、スタッフもギャラリーもいません。高木さんとわたしの二人のみ。セミナー講師として人前で話してはいたものの、カメラに向かって話すことが初めてということもあり、とにかく要領がわかりません。出てくる言葉は「え？」「う？」ばかり（笑）。それでも、視聴者の方からソーシャルストリームに投稿されるコメントは、「そんな名刺があるんですね！　勉強になります」「裏面はどうなっているんですか？」など、興味を持ってくださる好意的なものばかりで、あっという間に1時間の番組は終了してしまいました。

● **1回きりのはずが、気がついたら300回に**

　実をいうと、当初このメディカツを続けていこうとは考えて

いませんでした。ところが、第2回の終了間際に視聴者からいただいた「次回も見ます！」「毎週楽しみしています！」というコメントで続けていくことを決意。気がついたら300回を重ねていました。特にリアルタイムコミュニケーションの素晴らしさを体感したことが、続ける原動力になりました。

しかし、最初は本当に大変でした。毎週火曜日の夜はメディカツの配信ですが、当時はまったくといっていいほど人脈がなく、番組に出演していただけるような対談相手をなかなか見つけることができませんでした。それでも知り合いにお願いしたり、交流会やセミナーの懇親会に出て、そこで名刺交換した方に出演依頼したりと、なんとかつないでいきました。数回で終わる予定だった番組が、6年間300回も続き、その間に驚くようなたくさんの夢が叶ったのです。継続することの大切さを実感しました。

02 メディカツの特徴はゲストとの対談

● ゲストがいない一人配信のリスク

わたしの自分TV「どんどん夢が叶う・メディカツ」は、毎回ゲストをお呼びして話をお聞きするという対談形式です。これは、1回目から現在まで変わっていません。ゲストから話を

聞くことにより、ゲストの魅力を視聴者に伝えることができますし、わたしの人柄を知ってもらうこともできます。

　ライブ配信の場合、話すことが好きだったり、キャラが立っている人であれば、一人でカメラに向かう一人配信でも構いませんが、通常はあまりお勧めしていません。一人の方が気楽だと思って一人配信形式にしたために、続かずにやめてしまった例をたくさん見ています。人的な余裕があれば、パーソナリティ二人、ゲスト一人の三人形式でもいいでしょう。出演者の息が合っていると、話が弾み、番組がとても盛り上がります。ただ、聞き役の役割をはっきりさせておかないと、一人が話し続けてもう一人がだまったままという、視聴者に気を遣わせてしまう番組になる恐れがあるので気をつけてください。

　また、ゲストにはできるだけ配信会場に来ていただくようにします。毎回こちらから出向くというのは意外に大変です。

● 毎回ゲストに出演してもらうことのメリット

　メディカツに5〜6回出演されているゲストもいらっしゃいますが、基本的には毎回違うゲストをお招きしています。そのメリットとしてまず挙げられることは、「常に新しいコンテンツになる」ということです。お招きするゲストが毎回変われば、毎回違う内容になり、視聴者に常に新鮮な情報をお届けすることができます。そして、ゲストが変わることにより、ゲストの知り合いやお友達に、あなたの人柄や仕事について知っていただくチャンスが増えることにもなります。

3章 「メディカツ」が6年間300回も続いた秘密

　ご出演いただいたゲストのイベントや交流会に出席することがあるのですが、面識のない参加者の方から「いつも見ています」「本物に会えてうれしいです」などと声をかけていただき、名刺交換をすることがあります。

　これは、自分がイベントを企画する際にも強みとなります。メディカツの100回記念イベントには100名近くの方が、200回記念イベントではそれ以上の方がご参加くださいました。

　「自分TV®」をビジネスに活用する場合、このリアルのイベントを開催することが売り上げアップに大きな影響を与えます。その意味からも、ゲストとの対談形式にすることは大きなメリットがあるのです。

メディカツ200回記念交流会

03 ゲストが楽しみにしている配信後のアレとは

● **メガ級のチャーハンが人と人をつなぐ**

　いつ頃からかメディカツ配信後には、ゲストと一緒に食事をするのが慣例となりました。毎回電車や車でわざわざいらしていただいているので、せめて食事くらいご馳走させていただきたいという思いがあったのです。

　場所は配信会場から近い祥龍房という中華料理のお店で、安くて量が多いことで有名。まだメディカツが始まって間もない頃、番組配信後に初めてこのお店に入り、豚バラ青菜チャーハンを頼みました。出てきたチャーハンは、一人前にもかかわらず三人前はあろうかという大盛り！　その量に驚いたゲストの方の、「いやぁ、めっちゃメガ盛りですね！」という一言で「メガ盛りチャーハン」という名前が確定。もちろん、お店の人に「メガ盛りチャーハンください」といってもメニューにないので通じませんが（笑）。

　それからというもの、毎回ゲストの方とこのお店で食事するときは「メガ盛りチャーハン」を注文。当然のことながら、皆さんこのチャーハンを撮影してFacebookに投稿します。毎週わたしとゲストの方が映り込んだ「メガ盛りチャーハン」がア

西澤一浩さんとメガ盛りチャーハン

ップされるものですから、中には「水越さん、毎日チャーハンで飽きませんか？」というコメントがつくことも。さすがに毎日は食べていませんが、毎週食べても飽きることのないおいしいチャーハンであることは間違いありません。

● **配信後のゲストとのトークが濃すぎる！**

実はこの「メガ盛りチャーハン」を食べている時間が、わたしにとって、とても貴重な時間なのです。ゲストの皆さんは、その道のプロの方ばかり。そういった方と差しで食べたり飲んだりしながら、まるで個人コンサルティングを受けているようにじっくり話ができるのです。

ときにはブランディングについて、ときには集客について詳

しく話してくださったり、また、わたしのビジネスの方向性や仕組みについてアドバイスしてくださることもありました。さらに、ここだけでしか聞けない業界の裏話や、ご本人の身の上話など、メディカツの第二部とでもいえる食事会は、毎回とても濃い内容です。仕事に限らず、人生の指標となる重要な情報は、ネット上でやり取りしているだけでは決して得られないものです。そういう意味でも、毎回ステキなゲストをお呼びして、なおかつじっくり話ができることは大変ありがたいことです。こういう時間が持てるということは、「自分TV®」活用ならではのメリットの一つといえるでしょう。

04 こんなトラブルやハプニングがありました

　メディカツを6年も続けていると、ちょっとしたハプニングや想像もつかないトラブルも一つや二つではありません。でも、Ustreamのライブ配信は、その突然のハプニングですら楽しんでしまいます。実は、視聴者の皆さんは、この何が起こるかわからないハラハラワクワクを楽しみにしているところがあるのです。録画では編集でカットされてなくなってしまう場面も、時間を共有している視聴者の方々は一緒に体験してしまいます。そこにライブの楽しさがあります。Ustream番組を配信するときは、そのことを常に念頭に置いておきましょう。

3章 「メディカツ」が6年間300回も続いた秘密

● **番組中に訪問者が!?**

わたしの自分TV「どんどん夢が叶う・メディカツ」は、弊社の片隅で配信しています。これは1回目から変わることがないのですが、大通りに面している事務所であるため、いろいろな方が訪れます。

例えば、「ピンポーン」と鳴ってドアを開けると、宅配便のお兄さん。このときはハンコを押して、届いた荷物をしっかり受け取りましたが、その間ゲストは置いてきぼり状態に（笑）。

またあるときは、少し酔った知り合いが入ってきたり、近くのお店から店屋物の空きのドンブリを取りにきたり。そのたびにわたしが出ていくので、突然一人にされたゲストはどうしていいかわからずオロオロ……。でも、そのゲストの素顔をかいま見ることで、親近感が湧いてファンになってくれることも多いのです。

● **まさか！ ゲストが来ない!?**

ゲストの方には、基本的に配信の30分前に来ていただくようにしています。

人によっては、1時間前に到着する方もいれば、ギリギリの5分前という方もいらっしゃいますが、これまでお一人だけ、番組終了間近になって到着した方がいらっしゃいました。

若い女性の方でしたが、配信会場のある「武蔵小金井」駅から1時間はかかる川崎市の「武蔵小杉」駅に行ってしまったの

です。ただ、この女性はあるスポーツチェーン店のTwitter担当の方だったので、間違いがわかったときに、「武蔵小金井と武蔵小杉間違えた＿|￣|○というわけで、20時からメディカツに出演予定でしたが遅れます(´;ω;`)ごめんなさいごめんなさいごめんなさい」とツイートしたことで、武蔵小金井に向かう間、いつものお仲間たちによるツイートの嵐に！　結局、１時間10分遅れで到着したのですが、Twitter上からたくさんの方がそのままメディカツに参加して、いつにも増して盛り上がり、番組は２時間近く配信することになったのです。こういうのを怪我の功名というのでしょうか……。

● **番組配信中に電話が!?**

テレビやラジオでは、番組中に電話でゲストと話をするとい

生放送中に電話に出てしまうハプニングも。左はゲストのくさまひろゆきさん

うシチュエーションはよくあります。ただ、メディカツの場合は意図しない突然の電話が入ることがあるのです。もちろん、普段は携帯端末をマナーモードにしているのですが、忘れたときに限って電話がかかってくるのです。日本で初めて無重力でプロポーズをされたくさまひろゆきさんが、初めてメディカツにゲスト出演されたときも、まだ緊張感のとれない冒頭でわたしの電話に着信が。番組中に電話が鳴ったこと自体が驚きなのに、その電話にわたしが「もしもし、すみません、今生放送中なんです」と出たことで「しかも電話に出るの!?」とまたビックリ。こういったハプニングも楽しんでしまうところにライブ配信のおもしろさがあるのです。

● **ネットがつながらない!?**

メディカツは、毎週わたしの事務所から配信しています。Ustreamはインターネット環境がないと配信できませんので、当然わたしの事務所には光回線のインターネット環境があります。しかし、これがまったく使えないことがあったのです。配信時間になってもインターネットがつながらず、あれこれ試してみましたが原因はわかりませんでした。外出先で配信するために用意してあったモバイルルーターのWiMAXを使ってみたのですが、これでもやはりつながりません。どうやらパソコンに問題があるようでした。

仕方ないので、iPhoneでUstreamのアプリから配信することにしました。実はパソコン以外での配信は初めてで、どの程度

のクオリティなのか心配したのですが、始まってみると、ソーシャルストリームに「意外ときれいな画面」「音もちゃんと聞こえていますね」と予想に反して好印象のコメントが投稿されたのです。ネットトラブルの場合を考えて、携帯端末やタブレット端末を用意しておくことは大事なことだと実感しました。

05 「自分TV®」で商業出版の夢を実現

　自分TVメディカツを始めたのが2010年５月。それが夢実現の始まりでした。自分のメディアを通して夢を語ることで、たくさんの人から応援してもらい、いくつもの夢が叶ってきたのです。「夢を語る」「夢実現を応援する」が、６年間300回続いてきたメディカツのキーワードになっています。

● 商業出版の夢を実現

　いろいろな夢が実現してきましたが、その一つが商業出版の実現です。

　わたしは長い間、本を書く、出版するということは特別な人がするものだと思っていました。実際、メディカツを始めるまでわたしの周りには本を出版したことのある人はいませんでしたし、大量の文章を書くことなど、自分にはまったく考えられませんでした。

3章 「メディカツ」が6年間300回も続いた秘密

　わたしは、2009年9月にビジネスメール・インストラクターとして講師デビューしていました。講師となったわたしは、早速セミナーを開催。同時に、ブログ、Twitter、Facebookを次々に始めました。ブログでは、セミナーの告知や報告、Tipsなどを更新。Twitterでも、ブログの更新情報やセミナーの予告などをつぶやいていました。そして、2010年に入り、Ustreamという動画のライブ配信ができるツールがあることを知り、対談番組メディカツのライブ配信を開始。その1か月後の6月のある日、運命のメールを受け取ることになりました。

　同文舘出版の古市編集長から「メールをテーマにしたビジネス書を企画しているのでお会いしたい」というメールが届いたのです。当時のわたしは、出版してみたいという思いはありましたが、まさかメール講師デビューして間もないわたしに出版依頼のメールが来るとは到底信じられず、実はお会いすることをお断りしようかとすら考えていたのです。それでも、一度はお話をお伺いしてみようとお会いしたところ、そこからとんとん拍子に話が進み、翌年の2011年5月に『ビジネスで好印象を与えるメールの7つの決まりごと』を出版し、著者デビューを果たしたのです。

　さて、どうして名もないわたしに出版社の方からメールが来たのか？　皆さん興味があるところだと思います。実は出版社の方は常にネット上で情報収集をしており、著者候補を探しているのです。当時、わたしは無料のセミナー告知サイトに、毎回セミナーの案内を載せていました。ブログではセミナーの告

知とともに、終了後には写真つきで報告も更新していましたし、Twitter、Facebookにもセミナーの様子などを投稿していました。編集長はそれらを見ることにより、「実際にセミナーを開催している講師」「定期的に文章を書いている」ことを確認。そして、動画のUstream番組で話しているわたしを見て、会わずしてある程度の人柄を知ってもらうことができたのです。

　例えば、これから初めて会う人がいるとします。まだ会っていない人でも、ブログやホームページなどの文章や画像から何となくイメージはできますが、想像の域を出ません。その点、動画は、「声」「表情」「話し方」「身ぶり」「しぐさ」「話題」などから、その人の雰囲気や人となりまでをつかむことができます。動画の中でも、編集して加工されているものよりは、Ustreamのように、ライブで伝えるメディアの方が、より信頼感があるというのはおわかりいただけるでしょう。会う前に、その人が出演しているUstream番組を見ることができれば、事前にかなりの情報が得られます。

　まずは、自分の存在を知ってもらうことが重要。画像やテキストだけでなく、動画を活用していかに「自分」のことを知ってもらうか。出版の夢を実現させたとき、そのことを実感させられたのでした。

● 著者自ら、考えや思いを「自分TV®」で伝える

　わたしの番組には著者の知り合いが何人も登場しています。

毎日膨大な数の本が出版されている中で、少しでも本を紹介する場がほしいというのが著者の本音でしょう。出版記念パーティやAmazonキャンペーンに合わせて出演される方が増えてきました。番組で、出版した本への熱い思いを語ることで、配信中に本を購入してくれる方が次々にコメントしてくれるリアルタイム感は、出演している著者にはたまらないことです。これまで著者の方の情報発信メディアはブログが中心でしたが、Ustreamの対談番組に出演することで、自分のことをよく知ってもらい本を購入していただくという流れができてきます。

06 憧れの著名人がメディカツに出演！

「どんどん夢が叶う・メディカツ」という番組名通り、わたしは「自分TV®」を続けていく中で、たくさんの夢が実現してきました。

その一番大きな理由は、番組で夢を語ったことです。

● **夢を語るメディカツ**

メディカツには、これまでたくさんの「憧れの著名人」に出演していただくことができました。第42回「漫画家のかわぐちかいじさん」、第75回「何でも鑑定団でおなじみのおもちゃの鑑定士・北原照久さん」、第102回「元読売ジャイアンツの

篠塚和典さん」、第121回「歌手の桑田靖子さん」、第124回「シンガーソングライターの杉真理さん」、第152回「歌手の岩崎宏美さん」などなど。長年憧れていた方と、二人きりで目を合わせながらお話ができるというのは、夢のような体験でした。

　第20回のゲストは、転売王の掘英郎さんでした。自ら転売王と名乗る転売のスペシャリストなのですが、実はおもちゃの鑑定士の北原照久さんをリスペクトされており、佐島にある北原さんのご自宅を訪問するバスツアーに参加するほどのファンだったのです。そんな掘さんが、わたしの会社に飾ってあるブリキのおもちゃを見つけたのもごく自然なことでした。しかし、このとき掘さんが口にした一言は、まったく想像していなかったものだったのです。

　「あれ？　水越さん、ブリキのおもちゃ集めてるんだ。だったら、北原さんにこの番組に出演してもらったら？　北原さんとっても気さくな方だからきっと出演してくれるよ」

　まさにこの一言がすべての始まりでした。

　実はこのときからさかのぼること7年、わたしの地元である武蔵小金井で開催された「出張！なんでも鑑定団」の公開放送に、わたしは運よく鉄人28号No.4のブリキのおもちゃで出場していたのです。この収録で鑑定士を担当していたのが北原さんで、このときが北原さんと初めての出会いでした。収録後、北原さんはわたしが持って行った他のブリキのおもちゃを鑑定してくださったり、家族と一緒に写真を撮ってくださったり、

とても気さくで優しい方でした。わたしはそのときに「いつか北原さんと二人でブリキのおもちゃの話をしたい」という夢を持ったのです。

さて、転売王の掘さんは番組の中で、自分がゲストにもかかわらず、いかに北原さんが素晴らしいかをずっと話してくださいました。わたしもそんな北原さんにますますお会いしたいと思い、思わず番組の中で「北原さんに出演いただくのが夢なんです！　北原さん、メディカツに出演してください！　お待ちしております！」とカメラに向かって語りかけました。

もちろん、北原さんが見てくださっているわけなどありません。でも、語らずにはいられませんでした。結果的に、メディカツでこの夢を語ったことが、その実現を大きく加速させていくことになるのです。

番組終了後、機材を片付けているところに一本の電話が入りました。知人で保険のコンサルタントをしている春日弘司さんからでした。「メディカツ見ていたんだけど、水越さん、北原さんのファンなんだね。六本木で開催している北原コレクションの展示期間中にトークショーがあるんだけど、その後に親しい人たちだけで懇親会があるからそれに申し込んでおいたよ」と言われたのです。

「えっ!?　申し込んだんですか!!」

驚きました。番組で夢を語ったとたんに、夢実現への一歩が、まさかこんなに早く訪れようとは。

そして、懇親会で北原さんと7年振りにお会いしたわたし

は、北原さんとの出会いからメディカツ出演の依頼まで、考えて来たことをすべてお話ししました。北原さんは「メディカツ？　おもしろそうだね」といってくれたのですが、正直どこの馬の骨ともわからない男から、番組に出てくれといわれて「はい、そうですか」となるわけがありません。逆の立場だったら「出演します」なんて絶対に言わないでしょう。

　でも、この北原さんとの再会から、ますますメディカツへ出演してもらう夢はつのるばかりでした。それからというもの、北原さんの講演会があると出かけて行き、終了後に本を購入してサインをいただく。そして、握手していただきながら「メディカツに出ていただけませんか！」と出演依頼。出版記念イベントがあると出かけて行き、本を購入の後サインをしていただきながらメディカツ出演依頼。そんなことを繰り返しているうちに、北原さんは少しずつわたしを認識してくださるようになりました。しかし、毎回「メディカツおもしろそうだね」と言ってはくださるものの、そこから先は進展しませんでした。

　そんなある日、いつものようにネットで北原さんの情報を収集していると、銀座のアップルストアで北原さんのトークショーが３時間後にあるのを発見。これは早速行って、またメディカツ出演のお願いをしなければ！　と、準備を始めたのですが、同じことを言ってもきっと同じ返事しか返ってこないと思ったわたしに、神様が降りてきたのです。

「そうだ！　ポスター作っちゃおう！」

　と、30分ほどでポスターを作り上げると、急ぎ足で銀座の

アップルストアに向かいました。
　今日はなんとしてもメディカツ出演のOKをもらうぞ！　と意気込んでいたわたしは、緊張のあまり北原さんのお話がまったく頭に入りません。そして、北原さんの話が終わり、「僕はまだここにいますから、質問とかあったら遠慮なく聞いてね」と言われると同時に、わたしはダッシュでステージの北原さんへ駆け寄りました。
「おっ、水越くん、来てくれていたんだ。ありがとね」
「北原さん、今日はこういったものを持ってきたんです。」
　と言って、わたしは作ったばかりのポスターを北原さんの目の前で広げました。
「えっ何これ？　おれメディカツに出演するんだ？」
　と、笑いながら眺める北原さん。
　しばらく見ていた北原さんは、ポケットから一冊の手帳を取り出しました。スケジュール帳です。
　パラパラとめくりながら、
「火曜日がいいんだよね。じゃあ12月6日にしよう」
「えっ!?　あ、ありがとうございます!!」
　わたしの夢が叶った瞬間でした。
　★北原さん出演のメディカツは【メディカツ　北原】で検索！

「第75回どんどん夢が叶う・メディカツ」のゲストは北原照久さん

07 リアルで視聴者と出会う交流会やセミナーを開催

 メディカツはインターネットを使ったUstream番組ですが、視聴者と実際に会うことも大切にしています。ライブメディアを持つことで、ランチ会やセミナーなどのイベントを企画しやすくなります。また、たくさんの方と交流することで、より人脈も増えてゆきます。

● **メガ盛りまつりメディカツ交流会**

 わたしは毎週火曜日にメディカツを配信していますが、とき

3章 「メディカツ」が6年間300回も続いた秘密

メガ盛りまつりで盛り上がる

には高額セミナーと同じ内容が聞けたり、また憧れていたプロの歌手の方の歌声を真横で聴くことができるなど、メディカツのMCとしての役得を実感しています。

でも、それ以上に濃密な時間が、配信終了後のゲストとの食事タイムです。毎週火曜日は、メガ盛りチャーハンを美味しそうに食べるゲストの写真がFacebookに現れるようになってきました。

この投稿に「美味しそう！」「食べてみたい！」というコメントが、たくさんつくようになったために始まったのが「メガ盛りまつり・メディカツ交流会」でした。メガ盛りチャーハンを食べてみたいという方々を集めて新たなご縁を作ってもらおうと始めたのですが、第1回の参加者はほとんどがメディカツ

のゲストでした。でも、このときに初めて会った方も多く、結果的に、ここから新たなコラボやプロジェクトがいくつも始まりました。実は後で紹介する「メディカツバンド」も、このメディカツ交流会がきっかけで誕生したのです。

新たな出会いで化学反応が起こり、新たなプロジェクトが生まれる。これがイベントを主催することの楽しみであり、やりがいのあるところです。自分だけのライブメディアを持つことで、こうした企画をどんどん立てることができるのです。

● **メディカツのゲストが講師になるメディカツ課外授業**

メディカツのゲストの中には、セミナー講師をされている方がたくさんいらっしゃいます。番組中にセミナーとまったく同じ内容を話したにもかかわらず、翌日のセミナーに視聴者が多数参加するなど、1時間の番組を見ただけでファンになり、本人に会いに行くという現象がたびたび起こります。

そうであれば、セミナー講師のゲストとコラボしない手はありません。

「自分TV®」を始めたら、是非ゲストの方とセミナーやランチ会をコラボしてみましょう。セミナーには、「○○TV　ブログセミナー」「○○チャンネルスペシャルランチ会」など、番組名を冠にすることで統一性が出てきます。

コラボするのはセミナー講師に限らず、著名な方とも可能です。わたしは、佐島にあるおもちゃの鑑定士の北原照久さんの邸宅を訪問し、お話を聴いたり、お庭で食事をしたりして、一

3章 「メディカツ」が6年間300回も続いた秘密

北原さんの佐島のご自宅でのメディカツ課外授業

日楽しく過ごすバスツアーを企画しました。ここは元竹田宮家の別荘で、当時は8億円といわれた豪邸ですが、北原さんの長年の夢が実現して手に入れた巨大なコレクションの一つなのです。「北原照久さんと行く夢実現バスツアー・メディカツ課外授業」として企画したこのバスツアー、お一人3万円という高額にもかかわらず、毎回多数の方にご参加いただき喜んでいただきました。

● 節目に記念のイベントを開催

メディカツは、100回、200回という節目に記念イベントを開催しています。100回のイベントは、東京カルチャーカルチャーで開催。約100人の方々にお集まりいただき、北原照久さ

んの乾杯のご発声、歌手のキャプテンのステージ、北原さんとの対談、メディカツバンド結成発表とライブなど、盛りだくさんのメニューで盛り上がりました。

　このときに、友人に連れられて参加して、初めてメディカツを知ってファンになってくださったり、ここで出会ってその後ビジネスパートナーになった方もいらっしゃるなど、多くの人が集まるイベントのパワーを改めて知らされたのでした。

　200回記念イベントは、青山にある葉山庵Tokyoで開催。こちらも100人以上の方々にお集まりいただきました。

08　「メディカツバンド」で CDデビュー

　わたしは自分TV「メディカツ」を始めたことでバンドを結成することができ、夢であったCDデビューを果たしました。これにより、さらに多くの人たちから応援していただき、ライブやイベントを開催することができています。一人ではできないことも、仲間と一緒に行動を起こすことで可能性が広がるのです。

● メディカツ出演者が集まってCDデビュー

　メディカツは、ゲストをお招きしてその方の魅力を伝える対談番組ですが、毎回本当に素敵な方にご出演いただいておりま

す。あるときイベントを開催して、これまでゲスト出演された方に集まっていただきました。そこで思いつきでいった「バンドやりたいな、やってみたい人？」というに投げかけに答えてくれたのが、作曲家の田村信二さん、マインドコミュニケーショントレーナーの金光サリィさん、サロンコンサルタントの向井邦雄さん、ライターの山口拓郎さんの4人。バンド名は番組の名前を冠にして「メディカツバンド」としました。このときは、バンドを結成してCDを出してライブを開催、などという考えはありませんでした。メディカツというインターネット番組を通じてできたご縁の人たちと音楽を楽しみたい、という単純な考えだったのです。このとき、音楽を仕事として活動しているのは田村さんだけでした。田村さんは20代のときにバンドでメジャーデビュー。解散後は、スマップ、島谷ひとみ、SKE48、NMB48などに曲を提供する作曲家として大活躍されています。その田村さんの、「せっかくならCD出そうよ」という一言で、本当にCDを出してしまったのです。

　たった一人で配信しているインターネットのUstream番組からバンドがCDデビュー。ライブメディアを持つことで、今まででは考えられなかった展開を起こせるのです。

● Amazonキャンペーンにも挑戦

　メディカツバンドのメンバー全員がセミナー講師であり、著者です。著者が本を出版すると、数日間にわたってAmazonキャンペーンというイベントを行いますが、メディカツバンドも

堂々J-POP 6位を獲得！

CDを出すにあたり、Amazonキャンペーンを開催しました。まずはFacebookやTwitter、ブログ、メルマガを使い、ネット上にCDの宣伝を拡散。もちろん自分TV「どんどん夢が叶う・メディカツ」にもメンバー全員が出演して積極的に告知しました。Facebookでは、メンバーそれぞれがCDを出すにあたって自分の思いを投稿したのですが、メンバーも知らなかった感動のエピソードに、多くの人が共感してCDを購入してくれました。

　田村さんはバンドでメジャーデビューするも数年で解散し、下積みの経験をした後に、スマップなどに曲を提供する人気作曲家に。サリィさんは、歌手になりたいという夢を持っていましたが、両親の説得で断念してやがて世界で活躍するメンタルコミュニケーショントレーナーに。向井さんは、血を吐きながらの過酷な練習で何度もデビューのチャンスがありながらも直前で白紙になり、今は何度も通いたくなる美容サロン経営者

に。山口さんは、新宿歌舞伎町の路上ライブからメジャーを目指しますが叶わず、やがて人気フリーライターに。そして、わたしも20代の頃にレコード会社に曲を持ち込むも現実の厳しさを味わい、父の後を継いで印刷会社の社長になりました。

こうしたメンバーのエピソードに共感していただき、メディカツのファンだけではなく、初めてメディカツバンドを知ったという方にも多数ご購入いただき、Amazonキャンペーン2日間でJ-POP 6位という結果を残すことができました。

6位というと微妙な位置だと思われるかもしれませんが、このときの5位はスキマスイッチ、4位はPerfume、3位、2位がAKB48、そして1位は山下達郎さんだったのです。そこで6位と聞くとすごいですよね？（笑）。

このように、メディカツバンドができたことで、メディカツをより多くの方に知ってもらえるようになったのです。

09 アーカイブでメディカツのファンが増える

メディカツはUstream配信した後はYouTubeにアップします。ライブだけではなく、アーカイブでメディカツを知る、メディカツのファンになってくださるという方も多いのです。

● YouTubeの検索でメディカツを知る

　わたしの自分TV「どんどん夢が叶う・メディカツ」は、Ustreamでライブ配信した後は、すぐにYouTubeにアップします。Ustreamの有料版を利用すればアーカイブは無期限で残せますので、UstreamとYouTubeの両方でアーカイブを見ることができます。ただ、検索で見つけてもらうには圧倒的にYouTubeが有利です。ゲストの名前などで検索すると、YouTubeの関連動画が表示され、そこではじめてメディカツを知ってもらうことができるからです。

　国立にお住まいのデザイナーの河本徹朗さんは、以前からおもちゃの鑑定士・北原照久さんの大ファンでした。北原さんの講演会に申し込んだ後、何か動画はないかとYouTubeで検索して発見したのがメディカツとの出会いでした。

　「その対談番組はとてもおもしろかったのですが、メディカツはマスコミの一つだと思っただけでした。そのあと北原さんのFacebookをフォローしてしばらく経ったとき、北原さんが再びメディカツに出演するという告知がアップされました。対談の日はまだ先でしたが、メディカツのアーカイブがたくさんあったので何本か見たところ、とてもおもしろいのです。それからグイグイ引き込まれて、アップされているアーカイブは、数か月でほぼ全部見たと思います」

　このように、アーカイブを見たことで新たにメディカツのファンになっていただいた方が、たくさんいらっしゃいます。

3章 「メディカツ」が6年間300回も続いた秘密

河本さん作「メディカツ人形」

● **ゲストの名前を検索し、メディカツを知る**

　ゲストのファンの方は、ゲストの名前で検索してYouTube動画を見ていくうちに、メディカツにたどり着くことが多いようです。ある方は、桑田靖子さんの曲が聴きたくなって検索しているうちに、わたしと対談しているメディカツの動画を見つけました。動画を見ていると、今なお魅力的な彼女が精力的にライブ活動をしていることを知り、ライブに参加してみることに。なんと、そのライブ会場でわたしを見つけて声をかけてくださったのです。

　また、斎藤一人さんのファンである女性がYouTube動画を探していたところ、そのお弟子さんが出演している対談動画を見

つけました。斎藤一人さんの一番弟子の柴村恵美子さんが出演したメディカツです。その回では、番組の終わりにわたしの名古屋セミナーの告知をさせていただきましたが、それを見た方が「名古屋なら近い！」とセミナーにお申し込みくださったのです。

10 視聴者にプレゼント！愛のツイート大賞

視聴者の方にプレゼントするという方法は、テレビやラジオではおなじみでしょう。メディカツでも同じように視聴者にプレゼントをしています。これをメディカツでは「愛のツイート大賞」と呼んでいます。

● 愛のツイート大賞とは？

これまで何度も繰り返しているように、「自分TV®」のUstream番組では、コメントを読み上げるリアルタイムコミュニケーションがともて大切です。メディカツでは、投稿されたコメントはほぼすべて読み上げるようにしています。特に初めて投稿してくださった方は、わたしがそのコメントを読み上げることで、まるでテレビの中の人が応えてくれるような感覚になり、二人の距離が一気に縮まります。そして、その状況を見ていた視聴者も次々にコメントしてくれるのです。コメントが

3章　「メディカツ」が6年間300回も続いた秘密

「愛のツイート大賞」のプレゼント

少ないととても寂しい番組になってしまいます。それだけに、コメントを投稿してくれる人には感謝しかありません。その思いを形に表したのが「愛のツイート大賞」です。「愛のツイート大賞」とは、その日一番心に残るコメント投稿してくれた人が、ゲストからプレゼントをもらえるというものです。

● そのひと手間が感動を与える

　最初は、「プレゼントがあればみんな喜んでくれるだろう」と単純に考えていました。しかし、プレゼントをもらった方が、写真と一緒に記事をFacebookに投稿してくださるため、思いがけずメディカツの情報が拡散していくというありがたい効果も得ることができました。

ゲストから預かったプレゼントはわたしが発送するのですが、これが意外に手間がかかるのです。メディカツは毎週配信しているので、発送準備が遅れるとすぐにたまってしまいます。しかし、この「ひと手間」をかけることがとても大事なのです。プレゼントはゲストの方の著書であったり、ライブや講演会のチケット、お店のサービスの回数券などさまざまですが、これをビニール袋に入れ、ゲストと一緒に撮影した写真入りのチラシを添えて発送します。インターネットで簡単につながるサービスだからこそ、「ひと手間」というアナログな行為が相手を感動させるのです。

　あなたのUstream番組にも、ぜひ、こうした要素を入れてください。

4章

「自分TV®」運営の重要ポイント10

01 会場とネット環境について

　Ustreamの番組を立ち上げる場合、配信する会場をどこにするかは悩むところです。もちろん、セミナーやイベントなどの配信で、会場が決まっている場合もありますが、対談番組を継続して配信する場合、配信会場を決めるに当たっては大事なポイントがいくつかあります。

　メディカツの配信会場は基本的にわたしの会社の事務所です。会場が自分の会社ということで何より助かるのは、ゲストが来る直前まで仕事ができること。繁忙期は特にこのメリットを感じます。機材は常に事務所に置いてあり、セッティングも毎回同じなので、トラブルの心配が少ないのもありがたいです。

● 外部会場を選ぶ際の注意点

　外部会場を使用する場合は、「明るさ」「周辺の音」「ネット環境」の三点に注意します。

　最近はビデオカメラやウェブカメラの性能がよいので、多少暗くてもきれいな映像で配信できますが、あまりに暗すぎる会場は避けましょう。たまにカラオケボックスで配信される方がいらっしゃいますが、暗すぎる上にミラーボールが回っていた

りしたら、視聴者が落ち着いて見ることができません。

　また、配信を夜間にする方が多いのですが、昼間会場を確認したときは気がつかなかった「周りの音」をマイクで拾ってしまうということもあります。会場を選ぶ際は、できるだけ配信する同じ曜日と時間に下見をして、人の声や車の音、工事の音、また楽器の音や音楽など、大きな音が聞こえないか確認しておきましょう。

　そして、Ustreamを配信する上で何よりも重要なのは「インターネット環境」です。どんな機材が高価でも、著名なゲストが出演しても、インターネットがつながらなくては何も配信することはできません。つまり、画面に何も映らないということです。ここは重要ですので詳しくお伝えしましょう。

● **最も安定して配信できる光回線の有線LAN**

　Ustream配信を最も安定して行えるネット環境は、大容量通信ができる「光回線の有線LAN」です。配信会場で有線LANが使えるかどうかが、安定した番組配信の鍵になります。

　また、有線LANが使えることは確認していても、実際会場に来てみたらLANケーブルが短くて届かない、LANポートはあるがLANケーブルがない、ということも充分考えられます。そのような場面を想定して、長めのLANケーブルや、LANケーブル同士をつなぐ「LANケーブル延長コネクタ」を用意しておきましょう。ケーブルは、ノイズの影響が少ないといわれているカテゴリー6以上が30mほどで4000円前後です。

● 不安定なWi-Fiの無線LAN

有線LANが使えない場合、次の手として「Wi-Fiの無線LAN」を使います。無線は干渉などにより、配信中にノイズが出たり、電波の状態が不安定なため最悪の場合回線が切れて見られなくなってしまうことも考えられます。そういったリスクを、配信前、配信中に視聴者に伝える必要があります。また、当日になってアクセスのためのパスワードがわからない、などのトラブルが起きないように、必ず事前に一度チェックしておきましょう。

● 最後の砦、モバイルルーター

LANポートやルーターもないという場合は、モバイルルーターを使います。これは、外出先などで無線LANのネットワークを中継することができる小型の端末です。インターネット回線がつながる場所であればどんなところでも使えますので、一つ持っていると大変重宝します。通信会社により対応しているエリアが違ったり、回線の速度、料金もさまざまです。ネットで調べたり、販売店の担当者に直接聞いてみるといいでしょう。

また、モバイルルーターには、通信会社が特定の利用者の送受信できるデータ量を制限する「帯域制限」というものがあります。太いパイプが細くなると考えていただければわかりやすいでしょう。

ルーターによっては、帯域制限の基準に達した当日の21時から帯域制限がかかるため、21時以降は配信中に落ちてしまい画面が真っ暗、という状況になる可能性があります。かつて帯域無制限だったWiMAXも現在は制限を設けていますので、Ustream配信は光回線の有線LANを第一に考えましょう。

02　配信頻度と日時について

　Ustream番組を始めるにあたり、何分の番組がいいのか？　何曜日がいいのか？　何時頃の配信が適切なのか？　毎週がいいのか？　など、いろいろと悩むところでしょう。ここでは、番組を配信する頻度や時間についてお伝えします。

● 何を配信するかで決まってくる

　例えば、朝活セミナーであれば7時から、ランチ会を配信するのであれば12時から、お店の様子を配信するなら10時から18時までの間、というように、すでに日時が決まっているものについては悩むこともありません。これに対して、ゲストを招いた対談番組は、自分の好きな日時を設定できるがゆえに、配信日時についての悩みが出てくるわけです。

4章 「自分TV®」運営の重要ポイント10

● **少なくとも隔週の配信を**

わたしは「メディカツ」というトーク番組を毎週配信しています。お会いする方に「Ustream番組を毎週配信しています」と話すと、ほとんどの方が「毎週ですか!?　すごいですね！」と驚かれます。自分では、「火曜日20時からの配信」が習慣化しているため、特に大変だとは思っていませんが、セミナー受講生の方から「今は自分TVを毎週配信しています」などと聞くと、「えー!?　すごいなー！」と思ってしまいます（笑）。

毎週配信の場合は、１週間ごとなので覚えてもらいやすいというメリットがあります。Ustreamには公式の番組表は存在していません。それだけに、いかに視聴者に覚えてもらうかという努力が必要になってきます。そういう意味からも、毎週の定期的な配信は効果があります。

ただ、毎週はハードルが高いのか、隔週で配信される方がたくさんいらっしゃいます。ゲストがなかなか見つからない、仕事が忙しくて時間が取りにくい、という方は隔週での配信を検討してください。

ブランディングがすでにできており、それなりのファンがついている方なら毎月１回でもいいと思います。しかし、これからファンを増やして自分の商品やサービスをアピールしていきたいとお考えでしたら、月１回の配信では少ないでしょう。視聴者（潜在顧客）のマインドシェアを高めるためにも、配信頻度は多い方がいいのです。

● **配信時間は1時間が理想**

「自分TV®」セミナーの受講生に、「1回の番組配信時間はどのくらいが適切だと思いますか?」と聞くと、多くの方が「30分」と答えます。「1時間なんて長すぎて話せない」と考えている方がほとんどなのです。しかし、ゲストとの対談番組ですと、相手の話を聞いたり、ソーシャルストリームのコメントを読み上げたりしていると、自分が話している時間というのはそれほど長くありません。そして、番組のエンディングが流れる頃に、ゲストが決まって言う一言があります。

「え!? もう終わりなんですか!」

1時間があっという間に過ぎてしまう。これが出演してくださった皆さんの正直な感想でしょう。

対談番組は1時間を目安に。左はゲストの杉浦央晃さん

30分では中途半端に終わる可能性が高いので、配信時間は1時間を目安にしてください。

●「誰に」「何を」配信するかを決めてみる

セミナーを受講された方から、「ライブ配信の曜日や時間帯はいつが一番いいでしょうか？」と質問されることが少なくありません。わたしは、「まず『誰に』『何を』配信するかをはっきりさせましょう」とお話しします。

これはマーケティングの基本でもあるのですが、この「誰に」「何を」を明確にすると、自ずと配信日時が見えてくるのです。

例えば、サラリーマンをターゲットに考えたなら、平日の昼間に配信しても意味がありません。サラリーマン対象なら、朝早く配信して、通勤電車の中で見てもらったり、22時からなど、帰宅後のホッとした時間帯に見てもらうことも考えられるでしょう。中学生、高校生なら、昼間は学校へ行っているので、夕方や夜遅くにスマホで見るでしょう。

また、主婦に「子育て」の情報を伝えたければ、早朝は忙しいので、例えば10時〜12時頃、または21時頃からなどが考えられます。

もちろん、すべての人に当てはまる曜日や時間はありませんので、ターゲットが視聴する可能性の高い曜日や時間を考えて配信するようにしてください。

03 定期的な継続配信が大事

　継続は力なり。どのようなビジネスにおいても継続することはとても大切です。「自分TV®」もまさにその「継続」が要になってきます。Ustream番組は毎週、いえ、隔週でも構いませんので、無理なく定期的に続けていきましょう。

● 相手のマインドシェアを高める

　ブログやメルマガは、定期的に専門的なコンテンツを配信することで信頼性が高まりますが、更新していくことで相手のマインドシェアを高めることができます。

　UstreamやYouTubeは動画です。テキストや静止画の数千倍といわれる情報量を持っているため、他のメディアよりも影響力があります。ビジネスに活かすためにも、定期的に継続してライブ配信していきましょう。

　「自分TV®」のUstream番組は、初めて見た方でも1時間でファンにさせてしまうほどのパワーを秘めています。配信を続けていくことで、よりコアなファンが増えていくのです。相手の心にしっかりと、そして大きな影響を与えるためにも、「定期的」な配信が重要です。

● 番組を覚えてもらうために定期的な配信を

テレビやラジオには、それぞれ番組表があります。番組表を見ることで放送予定を知ることができます。今は新聞や雑誌、ネットなど、さまざまなメディアで番組表を目にすることができますが、残念ながらUstreamには公式の番組表がありません。あなたの番組を見つけてもらうには、ブログやメルマガ、ソーシャルメディアでの告知やシェア、Ustreamのチャンネル登録や配信予定番組の登録、そして、有料のPPC広告やFacebook広告などを使って知ってもらう必要があります。

告知文には番組配信の予定日時を入れますが、「毎週火曜日20時から」「毎月第2、第4木曜日の12時から」など、配信の日時が決まっていると、視聴者に覚えてもらいやすくなります。

● アーカイブの量が増えることのメリット

Ustreamの配信を定期的に継続していくことによって、YouTubeにアーカイブが増えていきます。アーカイブが増えれば、タイトルやタグのキーワードが増えるため、検索で見つけられる可能性が自然と高くなるのです。Ustreamのライブ配信が終わったアーカイブはすぐにYouTubeにアップして、たくさんの人に見てもらえるように、ブログやメルマガ、ソーシャルメディアなどを使ってお知らせしましょう。

04　Ustreamはテレビよりラジオに近い

　「自分TV®」はUstreamのライブ配信をメインに活用します。こういったライブ動画メディアを「テレビ」のように活用すると、失敗してしまうことがあります。既成のテレビ番組などにとらわれない自由な発想や使い方が大切です。

● どんな状況でUstreamを視聴しているか

　近年は、パソコン以外に携帯端末で見る方が増えています。スマホの場合、カフェやレストランで休憩中に視聴する方、バスや電車内など移動しながら楽しんでいる方などさまざまです。電波が弱いところでは、イヤフォンで音声だけを聴いている方もいます。また、パソコンで視聴する場合も、画面は見ずに音声だけを聴いて、仕事をしながら楽しんでいる方も多いようです。ここが、ライブ動画メディアとテレビの楽しみ方の違うところなのです。

● 音声が聞こえづらいとストレスになる

　音声だけ聞いて楽しんでいる方がいらっしゃることからもおわかりのように、Ustreamはテレビというよりラジオに近いメディアです。Ustream番組の中には、音声だけのネットラジオ

として配信している番組もあります。ラジオ番組でありながらUstreamのライブ配信も一緒に行っているケースもたくさんあります。

「音」は「画面」以上に大切ですので、画面はキレイだけどボソボソ声で何を言っているかわからない、音声がとぎれとぎれになる、ボリュームが小さい、などと視聴者が感じていたら要注意です。このような状態が続くと、視聴者はチャンネルを変えたり、離脱してしまいます。

● **マイクは扱いやすいものを**

6章でも紹介しますが、Ustream配信用のマイクはいいものを購入してください。といっても、プロ用の高級なものは必要ありません。わたしがお勧めしているのは、Blueの「Yeti」と「Snow ball」です。どちらもコンデンサーマイクでありながらUSBにダイレクトに差し込むタイプで、ミキサーなどは使わずに、初心者でも簡単に扱うことができます。

また、出演者がマイクから離れて動く場合は、ワイヤレスマイクやピンマイクを使います。その場合は専用のスタッフが必要となります。

● **「コメント」はラジオに送られてくるハガキ**

「Ustreamはテレビではなくラジオに近い」という特性を活かすことで、より視聴者との距離を縮めることができます。ラジオの深夜放送で、自分が送ったFAXやハガキが読まれるとう

ソーシャルストリームのコメントを読み上げる

れしくなりますよね。Ustreamの場合、そのFAXやハガキに当たるのがソーシャルストリームに投稿される視聴者からのコメントです。この視聴者と配信者とのリアルタイムコミュニケーションこそがUstreamの大きな特徴であり、「自分TV®」でビジネスを加速させるための武器になるのです。

「コメントを読み上げる」ことで視聴者との距離が劇的に縮まりますので、毎回丁寧に行いましょう。

05 あなたのファンになってもらうためには

Ustream番組の視聴者数は多い方がいいのですが、興味のな

い人をたくさん集めても効果は上がりません。「誰に」「何を」伝えたいのかをはっきりさせて、興味のある人に視聴してもらいファンになってもらうことが大事です。

●「とりあえず始めてみる」のは危険

番組を配信する前は、ほとんどの方が「わたしの作る番組をたくさんの人に見てもらい、喜んでもらおう！」と盛り上がります。

わたしが開催している「自分TV®」セミナーでは、「Ustream番組を始めるとしたら、どんな番組を配信してみたいですか。いくつでも書き出してください」というワークがあります。その後、お隣同士で発表するのですが、終了の合図を出してもなかなか終わらないほど盛り上がります。しかし、当日配信会場に来てみると、インターネット環境の確保ができていなかったり、周りの音がうるさ過ぎてライブ配信ができなかったという事例もあります。「とりあえず始めてみる」前に、事前の準備、確認をしっかりしておきましょう。

● まずは自分の番組を知ってもらう

Ustream番組を始めるに当たり大事なことは、まずあなたの番組の存在を知ってもらうことです。そして、「誰に」「何を」配信する番組なのかをしっかり伝えることで、内容に興味のある人、その商品やサービスが好きな人、出演者に魅力を感じている人たちが集まってくるのです。

「本ができるまでのストーリーを著者自身に語ってもらう」「輝いている女性に夢を語ってもらう」「お客様に登場してもらい、商品の効果をありのまま話してもらう」など、ウェブサイトやブログ、SNS、メルマガなどで宣伝していきましょう。

● **プロフィールをしっかり作る**

ファンになってもらうためにも、ブログやホームページ、Facebookなどのソーシャルメディアに、あなたの経歴や仕事内容などを客観的にまとめたプロフィールを作っておきましょう。もちろんUstreamチャンネルやYouTubeチャンネルのURLも忘れずに入れておきます。

プロフィールをしっかり作ることは、「自分TV®」に限らずビジネス全般で必要なことです。あなたが何者で、どんな価値を提供できるのかを明らかにすることで、興味を持った人が番組を視聴して、やがてファンになってくれるのです。

ただし、自分で作るプロフィールは独りよがりになりがちで、本来の強みを見つけにくいものです。作ったものを友人や知人に見てもらい、感想や意見などフィードバックをもらいましょう。わたしも自分のプロフィールは常に見直して、ブラッシュアップするよう心がけています。

プロフィール作成のセミナーや本もたくさんありますので、一度じっくり作り込んでみることをお勧めします。

4章 「自分TV®」運営の重要ポイント10

プロフィール

ツイート　いいね！ 2　G+1 3　in Share 1　f シェア 2

有限会社ミズコシ　代表取締役　水越浩幸
■メディア・アドバイザー
■インターネットテレビ「自分TV®」プロデューサー

昭和35年、東京都小金井市生まれ。創業大正10年（もうすぐ創業100年）の印刷会社の3代目。2009年にビジネスメールインストラクターとなりセミナー講師としてデビュー。

2010年インターネットのライブ動画共有サービスの**USTREAM**と出会う。

詳しい操作方法もわからないまま2010年5月、ゲストと有料セミナー並みの内容を届けようと、**対談番組「メディカツ」の配信を開始。**

始めた頃は出演してくれる知り合いも少なく苦労するが、番組配信を続けて行くうちに人脈が広がり、**やがて100人以上の参加者を集めるイベントを開催**できるまでになる。

ゲストを呼んでゆるく話すだけの番組だが、視聴者とのリアルタイムコミュニケーションが好評で、**配信回数は6年間で300回を越える。**

わたしのプロフィールの一部

●「自分TV®」は「与えるメディア活用」

番組を定期的に継続配信することで、商品、サービス、そしてあなた自身のファンになってもらうのです。

Ustream番組は枠にとらわれない自由な発想で配信すること

ができます。

　でも、だからといって自分勝手ではいけません。ゲストを思い、視聴者を思い、相手を思うという姿勢で番組を配信するからこそ「大好きな人＝ファン」が増えていき、その結果、自分のビジネスが加速することになるのです。

06 大切なのは ありのままを伝えること

　Ustream番組のMCをつとめるからといって、滑舌がよくプロのアナウンサーのような話し方ができる必要はありません。もちろん、聞きやすい方がいいに越したことはありませんが、大切なのは、ゲストとあなたのありのままの魅力を伝えることです。

● ゲストと二人で始めよう

　よくある失敗パターンが、一人でカメラに向かって配信するケースです。気軽に始められると思い、一人でセミナーのように話をするのですが、誰もいないカメラ１台だけのところで１時間続けるのは、たとえセミナー講師の方であっても簡単ではありません。

　そしてつまらない、コメントが来ない、盛り上がらない、そのままフェードアウト、というパターンに陥ります。そうなら

ないように、Ustream番組は、ゲストを招いて二人で始めてください。

二人であればコミュニケーションがとれて話題も広がりますし、こちらが楽しく話していれば見ている方も楽しくなり盛り上がるのです。カメラを意識せずにありのままを伝えるには、対談番組が向いています。セミナーの配信や会員向けのパスワード配信は、対談番組を続けて、Ustream配信に慣れてきてから考えましょう。

● **大事なのは話し方より相手の魅力を引き出す聞き方**

素人が、いきなりUstream番組のパーソナリティになって、誰もいないところでカメラを意識せず上手に話そうと思っても、それはしょせん無理な話です。

最初は話し方が下手でも構いません。居酒屋で、二人でお酒を飲みながら、あるいはカフェでコーヒーを飲みながら楽しく語る。そんなイメージでやってみましょう。おそらく「こんな普段通りでいいのかな？」と不安になるかもしれません。でも、上手に話そうとすればするほど、堅くなり、視聴者に楽しさが伝わりません。

もちろん、はっきりした言葉で内容を伝えることは大切なことです。滑舌をよくするために、早口言葉の訓練をすることも必要でしょう。でも、Ustream番組では、ゲストから話を引き出し、魅力をいかに伝えるかが重要なのです。

07 コミュニケーションが劇的効果を生む

「自分TV®」をビジネスに活かすポイントは、Ustreamのソーシャルストリームを使ったリアルタイムコミュニケーションです。このソーシャルストリームを上手に使うことで、配信側と視聴者の距離が劇的に縮まります。

● リアルタイムコミュニケーションを活かそう

Ustreamのライブ番組では、ソーシャルストリームに投稿されたコメントを、丁寧に読み上げていくことが、ビジネス活用にとってはとても重要です。

わたしは他の人のUstream番組でコメントすることがありますが、たまにコメントを読まれずにスルーされることがあります。なんとなく無視されているようで不快に感じるのです。あなたの番組では、投稿されたコメントはすべて読むよう心がけてください。

以前メディカツに、コピーライターの小川晶子さんが出演されたときです。ソーシャルストリームに投稿された「コピーライティング力をアップさせる独自の発想法ってありますか？」という質問に答える形で、セミナーで話されている内容と同じ話をされたのです。ノートを使いながら有料セミナーとまった

く同じ内容を、無料のメディカツで話してくださいました。小川さんの会社の方が「社長そこまで話して大丈夫ですか？」と心配してコメントしてくるほどだったのです。すると視聴者から、「今回は保存版ですね！」「今日見られてよかった！」「得した！」というコメントが相次ぎました。

そして、小川さんが翌日にセミナーを開催予定であることを告げると、なんとソーシャルストリームに「申し込み完了です」「今申し込みました」「明日お会いできるのを楽しみにしています」というコメント投稿が相次いだのです。たった今セミナーと同じ内容を話したにもかかわらず……。

有料セミナー並みの内容を惜しげもなく話してくださるホスピタリティに感動し、丁寧なリアルタイムコミュニケーションで距離が縮まり、小川さんに会いたくなってしまったのです。1時間でファンにさせてしまう「自分TV効果」を実感したメディカツでした。

08 アーカイブをYouTubeで活かす

Ustreamのライブ配信は1回きりですが、YouTubeにアップすることで、さらにたくさんの方に視聴してもらうことができます。

● Ustreamのサーバーに残すアーカイブ

　Ustreamはライブ配信ですので、その時間を逃すと見ることができません。しかし、さまざまな事情で、その時間にアクセスできないという方もいらっしゃいます。そのような方々のために、アーカイブ（録画）を保存しておきましょう。

　ウェブサービスのBroadcaster（6章03参照）は、「保存する」ボタンを押さないとアーカイブは残りません。インストールソフトのProducerの場合（6章04参照）、配信するための「ストリーム」ボタンをクリックすることで自動的にアーカイブを残すことができます。

　ここで保存したものは、Ustreamのサーバーに保存されるデータとなり、公開設定されたアーカイブは、チャンネルページの「過去の録画」タブから見ることができます。ただし、Ustreamを無料で利用している場合は、保存期間が30日となっており、30日を経過するとデータが削除されます。

● YouTubeにワンクリックでアップ

　Ustreamのライブ配信が終わるとアーカイブが残せますが、YouTubeにもワンクリックで保存することができます。アーカイブに関しては、操作性がよくて検索にも強いYouTubeを活用しましょう。

　Ustreamのダッシュボードにアクセスしたら、「過去の動画」からアップロードしたい番組の「YouTubeで共有」をクリ

ックしてアップロードします。

　YouTubeにアップロードしている間はネットを遮断したり、パソコンの電源を落としたりしないよう気をつけましょう。

09 あなた自身を知ってもらおう

　Ustream番組では、ゲストとの対談形式をお勧めしていますが、ゲストの紹介に熱心なあまり自分の紹介や告知をしない方がいます。売り込みではなく、自分がどんな仕事をしているのかなど、番組内でしっかり伝えることが大切です。

● あなたは誰ですか？

　Ustream番組をスタートする場合、BroadcasterやProducerの無料版を使って配信します。これらはテロップやテキストを出せないため、途中から番組を見た人には、出演している人が誰なのかわかりません。番組を初めて見た人は、MCであるあなたのことさえ、わからないかもしれません。

　無料版を使って番組を配信するときには、ネームプレートを作ったり、後ろの壁やホワイトボードなどを使い、出演者の名前や肩書き、キャッチコピーなどを視聴者に伝えるようにしましょう。あなたやゲストの名前や肩書きがわからずに話を聞くということは、視聴者にとってストレスになります。

● 画像を使って告知

番組では、ゲストのありのままの魅力を伝えるわけですが、あなたの情報もしっかりと伝えなければなりません。「仕事の内容」、「得意分野」、「これまでの実績」など、あなたに興味を持った視聴者に、詳しい情報を伝えることはとても重要です。セミナーや講演などの予定があれば、それもお知らせしてください。その場合、告知用の画像を用意しておき、それを映しながら説明するのもいいでしょう。画像には、「イベント名」「日時」「会場」「申し込み方法」などを漏れなく入れておきます。ホームページや申し込みページがあれば、ソーシャルストリームにコメントとしてリンク先と一緒に投稿しましょう。

告知に際して大事なことは、「絶対にいいですから来てください！」「このセミナーを受ければ必ず儲かります！」などと、あまり露骨な売り込みや煽るような告知にしないことです。詳しい情報を伝えるだけでいいのです。番組中にセミナーの案内をしたところ、興味を持ってくださり、その場で申し込んでくださるということもよくあります。

● リアルタイムでリンクを投稿

Ustreamは、ソーシャルストリームにコメント投稿することができますが、このコメントは視聴者全員で共有できます。そこで、紹介や告知をしたタイミングで、配信者であるMC自らもソーシャルストリームにコメント投稿します。ブログやラン

ディングページのリンクを投稿することで誘導が可能になるのです。アーカイブではこの投稿を見ることができませんが、ライブ配信ではとても効果的な方法です。

10 リアルイベントを仕掛ける

「自分TV®」を活用することで、インターネット上で配信者と視聴者がつながることができますが、さらに実際に顔を合わせることで、その距離は劇的に縮まります。

● ランチ会、交流会を開催する

リアルイベントで比較的簡単に開催できるのが、ランチ会や交流会です。Ustream番組の配信が10回に達したら、これらのイベントを開催してみましょう。まずは日程と会場を決めます。開催する2か月前には告知を始めて集客していきますので、そこから逆算して日程を決めましょう。開催時間ですが、ランチ会なら平日の11:30〜13:30頃の2時間、交流会なら19:00〜21:00などに設定しましょう。Facebookをされているのなら、イベントページを立てるのが比較的簡単です。Facebookをされていないのであれば、ブログやメルマガで公開します。もちろん、UstreamやYouTubeでも繰り返し告知してください。

そして、参加者を把握するためにも、参加申し込み用のフォームを用意しておきましょう。できれば申し込み者のメールアドレスの収集ができるもの、自動返信メールが送れるものを選んでください。申し込み後の自動返信で、振込先の情報や会場の案内などお知らせすることができます。無料で作れるメールフォームがたくさんありますので、「メールフォーム　無料」で検索してみましょう。わたしがよく使うメールフォームはこちらです。

　フォームメーラー　http://www.form-mailer.jp/

● 会のタイトルは自分TVの番組名を入れる

ランチ会のタイトルは、「○○TVランチ会」「○○チャンネル交流会」などのように、あなたの番組名を冠にしてください。セミナー講師や著者さんにゲストとしてお話いただくことで、参加者の満足度が高まります。参加者の皆さんに交流をしてもらい、コミュニケーションをとってもらうことに重点を置くことが大切です。そこから新たなビジネスチャンスが生まれていきます。

3章でも紹介しましたが、メディカツでも「メガ盛りまつり・メディカツ交流会」や「メディカツ・レジェンドランチ会」などを開催しています。「メガ盛りまつり」は、番組配信後にいつもゲストと食べる巨大なメガ盛りチャーハンを、参加した皆さんと一緒に食べながら交流する会です。この交流会で、これまでにたくさんのご縁が生まれ広がっています。

5章 事例別運営方法とキャッシュポイント

01 店舗紹介型

● お店の様子やスタッフを紹介

　店長やスタッフとのUstream番組は、ファン作りに効果があります。

　さらに番組をお店の中からライブ配信することで、お店の雰囲気を伝えることができますし、店長やスタッフがパーソナリティになることで、視聴者から親しみを持ってもらうことができます。お店のお客様が同意してくだされば、感想を話してもらうのもいいでしょう。

　番組を見終わった視聴者が、お店に来てスタッフに会いに来たくなる、また、サービスを受けたくなるような内容にすることが大切です。

　多くの店舗は、ホームページなどで店内の様子を写真で紹介しますが、もっと動画を活用すべきです。店内の様子やスタッフの笑顔を動画で見せるだけで、来店へのハードルを下げることになるのです。

　また、3分ほどのお店紹介動画を作成してYouTubeにアップしていきます。タイトルや概要、タグに駅名や地名などのキーワードを入れることで見つけてもらうことができます。

「星野幸子のレミニッセンスオブライフ」

◆配信日時…毎日、毎週または隔週。ターゲットとする視聴者が見やすい曜日、時間帯

◆出演者…二人以上。社長、店長、スタッフなど店舗運営に直接関わっている人

◆会場…店舗内が理想。ネット環境により難しい場合は、近くの会場を考える

◆内容…サービスや商品の紹介、アドバイスなど。視聴者へのプレゼントや限定情報なども有効

◆キャッシュポイント…視聴者の予約、来店、紹介した商品の購入

02 サービス紹介型

● 社員やスタッフが自らサービスを紹介

　サービスを行っている様子のライブ配信が可能であれば、ぜひやってみましょう。

　実際にサービスを行っている場所からの配信が理想ですが、難しい場合はできるだけお店の雰囲気に近いところを選びます。また、施術など時間がかかる場合は、事前収録を短く編集した動画を流しながら解説してもいいでしょう。

　サービス紹介型はサロンや施術を行う業種に最適です。サロンの場合は、施術のライブ配信のほか、ビフォー＆アフターの写真などがあるとインパクトがあり大変効果的です。お客様が同意してくださされば、出演いただいて感想を話してもらうと信頼性が高まります。

　出演者は、店長、スタッフなどサービスに従事する人がいいでしょう。顔や声を覚えてもらうことで安心して来店してもらうことができます。

　また、初めての視聴者のことも考えて、専門用語はできるだけ使わずに、わかりやすい言葉で解説してください。

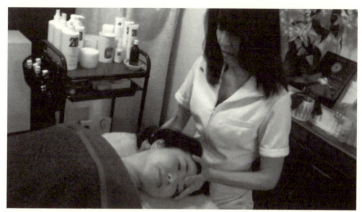
「美容矯正サロンNishiがお送りする自分TV HirokoのHappy♡ch」

◆配信日時…毎週または隔週。ターゲットとする視聴者が見やすい曜日、時間帯

◆出演者…二人以上。社長、店長、スタッフなど店舗運営に直接関わっている人

◆会場…店舗内が理想。ネット環境により難しい場合は、近くの会場を考える

◆内容…サービスや商品の紹介やゲストへのアドバイス、視聴者へのプレゼントや限定情報など

◆キャッシュポイント…視聴者の予約、来店、サービス購入、会員登録

03 商品紹介型

● **商品や作品のエピソードを自ら紹介**

販売している商品や作品などを、社長や社員、制作者自らが出演して紹介します。

事前にゲストに商品を使ってもらい、感想を聞くと話題が広がります。

自分では「あたり前」「つまらない話」と思っていることが、意外にも視聴者の方に感動してもらえるということはよくあります。決して自分で「こんな話はおもしろくない」などと決めつけないようにしましょう。

「その商品はどのようにして作られるのか」「その作品を作ろうとしたきっかけ」などは、視聴者のほとんどの方が知らない、という前提で話すことが大切です。

また、コメントをくださった視聴者の方に、毎回商品の割引やプレゼントなどをされる方もいます。商品をもらって使った方がFacebookなどで紹介してくれるので宣伝にもなります。

ネット販売であれば、申し込み時に備考欄などに「合い言葉」を入れてもらうことで特典を付けるなどの遊び心があると、購入者増につながります。

「メガネのマエダTV」

◆配信日時…毎週または隔週。ターゲットとする視聴者が見やすい曜日、時間帯

◆出演者…二人以上。社長、店長、スタッフなど店舗運営に直接関わっている人

◆会場…店舗内が理想。ネット環境により難しい場合は、近くの会場を考える

◆内容…サービスや商品の紹介やゲストへのアドバイス、視聴者へのプレゼントや限定情報など

◆キャッシュポイント…来店、ネットでの購入、紹介した商品の購入、会員登録

04 情報発信型

● **自分の専門分野の情報を発信**

　一人、または二人で自分の専門分野について話します。情報発信型の場合は、専門的な話をしながらソーシャルストリームに投稿される質問に丁寧に答えることで、視聴者と短時間のうちに距離を縮めることができます。テーマを専門分野に絞り込むことで、興味を持った潜在顧客とのコミュニケーションはファンになってもらえる確率を高めます。

　ただ、こういった番組は、同じテーマで1時間を定期的に配信していくとネタに困ることもあるので、コーヒーブレイク的な専門分野以外のコーナー、例えばプライベートの話題、趣味の話など、いくつか用意しておくといいでしょう。

　また、毎回必ずメルマガの登録やセミナー、講座などへ誘導ができるように、URLを記載した画像やフリップを用意します。そして、自らソーシャルストリームにURLを忘れず投稿してください。

　最新の情報が発信できるように、常にアンテナを立てておく必要があります。

「幸せサロン育成TV」

◆配信日時…毎週または隔週。ターゲットとする視聴者が見やすい曜日、時間帯
◆出演者…一人または二人。社長、店長、スタッフなど
◆会場…事務所や会議室、カフェなどの飲食店など
◆内容…専門分野についての情報。画像や動画を利用したり、ホワイトボードを使って解説
◆キャッシュポイント…セミナーや講座の参加、サービスの契約、紹介した商品の購入、会員登録

05 セミナー配信型

● **セミナーを配信**

セミナー会場で開催しているセミナーをライブ配信することで、より多くの人にセミナーを受講していただけます。

オンライン参加枠をつくり、入金のあった方にパスワードを発行して配信。ただし、実際のセミナーを配信するため、専用のスタッフが必要です。

なお、無料でUstreamを利用している場合は、パスワードでの同時視聴者数は10人までとなりますので注意しましょう（2016年4月現在）。無料でセミナーを開催する場合はパスワードの設定は必要ありません。

また、自宅や会議室などから、一人でセミナーを配信することもできます。

この場合もリアルセミナーと同じように告知や宣伝が必要です。申し込み、入金のあった方にパスワードを発行します。こちらの場合は少々慣れが必要ですが、スタッフがいなくても一人で配信することが可能です。

「朝活シェアカフェTV」

◆配信日時…リアルのセミナー開催時間。オンラインセミナーのみであれば対象者に合わせて
◆出演者…一人または二人
◆会場…セミナー会場。オンラインセミナーのみの場合は事務所や会議室など
◆内容…それぞれのセミナー
◆キャッシュポイント…セミナー参加費、バックエンド商品の購入

06 会員限定型

● **会員向けの限定配信**

 協会やスクールなどですでに会員がいれば、会員向けに情報発信やアフターフォローのための番組を配信しましょう。

 会員限定型の場合、ソーシャルストリームにコメント投稿してもらうと拡散する可能性があるので、「チャット機能」を使います。パスワードを知らない方が外部投稿のリンクをたどりアクセスしても、視聴することができないため不快感を与えることになります。チャットであれば、コメントは外部に拡散せずにUstream内だけでコミュニケーションがとれます。

 会員限定であれば、セミナー形式ばかりではなく、トークショーや商品販売、ライブやイベントなど、さまざまな使い道が考えられます。会員先行プレセミナーや、商品販売のための先行案内を会員限定で無料配信してもおもしろいでしょう。

 こういった会員向けのライブ番組を持つことで、他社と差別化がはかれます。

「人を大切にする経営学会TV」

◆配信日時…会員ができるだけ参加しやすい日時
◆出演者…二人以上
◆会場…セミナー会場、または事務所や会議室など
◆内容…会員限定情報、フォローアップやステップアップのためのコンテンツ
◆キャッシュポイント…月々の会費、視聴参加代、バックエンド商品の購入

07 バラエティ型

● いかに相手の魅力を引き出すかがポイント

　バラエティ型は、自分TVの使い方として一番多い番組型式です。対談相手の魅力を充分に引き出し、番組が盛り上がることで、その番組のメインMCというブランディングを確立していきます。

　話すことを仕事にしている方がMCを務めると、自分の話す時間が多くなりがちですので気をつけましょう。相手にいかに気持ちよく話してもらい、魅力を引き出すかが大切です。

● あなたが何者かを伝えましょう

　「番組楽しかった！」「今回のゲストもとてもステキ！」「ところで、MCの○○さんは何をしている人？」で番組が終わってはいけません。

　重要なことは、番組であなたが「どんな人」で「何をしている人」なのかを明確に伝えることです。ここをおろそかにすると、番組自体が認知されても、あなたのビジネスへの影響が弱いものになってしまいます。売り込みをする必要はないのですが、あなたのプロフィールはしっかり伝えましょう。

「COCO channel（ココチャンネル）」

◆配信日時…毎週または隔週。ターゲットとする視聴者が見やすい曜日、時間帯
◆出演者…二人以上
◆会場…自宅や会議室、または飲食店や店舗など
◆内容…ゲストのこれまでの経歴や今の仕事との出会い、そして挫折やこれからの夢などを聞き出し、人柄や魅力を伝える
◆キャッシュポイント…ゲストとのコラボセミナー、自分のセミナーイベント、バックエンド商品の販売

08 ラジオ番組型

● 顔を出さずに情報発信

　Ustreamは、テレビよりもラジオに近いメディアですから、音声だけの番組はとても相性がいいのです。ラジオ番組もUstreamで同時にライブ配信しています。顔を出さずに情報発信したい方は、ラジオ番組型にすればその悩みは解決します。ただし、画面が真っ暗だと配信していないと勘違いされる可能性があるため、ライブ配信中とわかるような静止画を常に表示させたり、静止画を数枚組み合わせた動画を流しておきましょう。

● ダイレクトに反応がわかる

　ラジオだと聴取率の数字をすぐに出すことは難しいですが、Ustreamであればリアルタイムに、また後からアクセス解析を見ることで数字として確認することができます。また、ラジオではハガキやFAXがリスナーからのアクションですが、Ustreamならソーシャルストリームでコメントをもらえるため、リアルタイムで視聴者の反応がわかります。このため、ライブを意識した仕掛けなどをしてもおもしろいでしょう。

「小春放送局♪」

◆配信日時…毎週または隔週。ターゲットとする視聴者が見やすい曜日、時間帯
◆出演者…一人または二人
◆会場…事務所や会議室、または飲食店や店舗など
◆内容…地元に関するローカルニュース、専門番組、ゲストを招いた対談
◆キャッシュポイント…イベント、セミナーなどへの集客

「自分TV®」をもっと知るための情報

【まずはこちらから】
●7日間無料メルマガ
http://www.reservestock.jp/subscribe/14154
●セミナー
http://www.reservestock.jp/page/event_calendar/3677
●オンライン動画
http://www.reservestock.jp/stores/article/1875/1566

【オンライン講座】
●自分TVマスター講座
http://medikatsu.biz/

【コンサルティング】
●Skypeコンサルティング
http://www.reservestock.jp/page/reserve_form_week/3677
●単発コンサルティング
http://www.reservestock.jp/stores/article/1875/4132
●お問い合わせ
http://www.reservestock.jp/page/inquiry_form/4090

6章

Ustreamの
ライブ配信方法

01 Ustream配信に必要な機材

　Ustream番組を配信するには、パソコン、ウェブカメラ、マイクの3点は最低限揃えたいところです。

　iPhoneなどのスマートフォンやiPadなどのタブレット端末でも、Ustreamのアプリを使えば簡単に配信することはできます。しかし、「自分TV®」としてビジネスに活用するのであれば、パソコンでの配信が必須です。

● **パソコンはできるだけ性能のよいものを**

　パソコンは、WindowsでもMacでも配信が可能です。ただ、ライブという性質上、途中でパソコンに不具合が起きて配信が中断しないためにも、できるだけ性能のよいパソコンを選んでおきましょう。購入して4年以上経っているメモリが1GB以下、ハードディスクの容量が少なくて、必要のないソフトがいろいろ入っているパソコンなどは、安定したUstream配信の妨げになります。できれば2年以内に購入した比較的新しいパソコンを使うようにしてください。新規で購入する場合は、動画を見たり配信するのに適したパソコンを店員さんに選んでもらうようにしましょう。MacならMacBookProが一押し。Macの中にWindowsをインストールすることができます。どちらに

も対応できるので便利です。WindowsであればCPUがIntel Core 2 Duo 1.83GHz相当以上、メモリは2GB以上、動画編集も考えると8GBはほしいところです。

● **ウェブカメラは三脚に取り付けられるものを**

カメラは、ビデオカメラ、デジタルカメラなどいろいろ選択肢はありますが、わたしは自分TV初心者の方のために「ウェブカメラ」をお勧めしています。ウェブカメラは各社から発売されていますが、最近のウェブカメラは大変性能のいいものが多く価格も手頃です。しかも、セッティングはUSBをパソコンに差し込むだけなのでとても簡単です。ライブ配信というだけで敷居が高く感じる初心者の方は、ウェブカメラから始めてみましょう。

パソコンの内蔵カメラでもきれいな画質で配信できますが、やや下からあおる角度での固定アングルになるため見栄えがよ

ウェブカメラは三脚で固定

くないし、出演者が大人数のときにパソコンから離れなければ映らないなどの理由でお勧めしません。

　また、ウェブカメラにネジ穴がついていると、三脚に取り付けて離れたところから映すことができますので、一度に三人以上出演する場合などに便利です。三脚は安いもので構いませんが、デジカメ用の軽くてセッティングが簡単な三脚もあります。サブとして、ミニ三脚を常に携帯していると重宝します。以前、メディカツを外部から配信したときに、三脚を忘れるという大失態を演じました。ミニ三脚を持っていることを思い出し、重いビデオカメラにもかかわらず、ミニ三脚に設置して配信できたため、難を逃れたということがありました。

● Ustreamは音が命。マイクはいいものを

　Ustreamでの動画配信は、画よりも音が大切です。画面が多少見にくくても、音がはっきり届いていれば視聴者はそれほどストレスを感じません。しかし、何をいっているか聞き取りにくい、音が割れたりひずむ、といった状態が続くと、視聴者は不快感をおぼえ、最悪の場合、番組から離れてしまいます。マイクはできるだけいいものを購入しておきましょう。

　わたしがお勧めしているのは、USBをパソコンに差し込むだけでセッティングが非常に簡単なコンデンサーマイクです。ミキサーを使うことで、複数のマイクを使ったり、ピンマイクを使うことも可能ですが、一人で配信をするためには、できるだけ複雑な作業をを回避することが重要です。

ウェブカメラとマイクのセッティング

　Blueの「Yeti」と「Snow ball」は、多少値段は張りますが、音質もいいし長い目で見ると大変お買い得といえます。特にYetiは、一人で話す場合、対談、マイクを囲んでのトークなど、指向性を細かく変えることができるので便利です。

● iPad、iPhoneによる配信

　外出先から急遽配信しなければならなかったり、突然パソコンの調子が悪くなり配信ができないといったときのために、iPadなどのタブレット端末やiPhoneなどの携帯端末などでの配信も準備しておきましょう。

　どちらもUstreamのアプリをダウンロードして使います。細かい設定はパソコンでなければできませんが、ログインすれ

ば、チャンネルを選んで配信ボタンをタップするだけで配信ができるので非常に簡単です。内蔵のカメラとマイクを使いますが、少し離れて配信が必要なときには、専用のマイクを使うといいでしょう。

02　ダッシュボードの使い方

　Ustreamを配信するには、アカウントを取得する必要があります。ここでは、アカウントの取得方法と、コントロールパネルであるダッシュボードの主な使い方について説明します。

● 新規アカウントを取得してログイン

「Ustream」または「ユーストリーム」で検索してトップペー

ログイン画面

ジにアクセスします。右上にある「ログイン」をクリック。「Ustreamにログイン（または新規アカウントを作成）」画面がポップアウトします。左側に「Facebookでログイン」というボタンがありますが、こちらをクリックせずに、右下にある「新規アカウント作成（無料）はこちら」をクリックして新規アカウントを作成します。それぞれの指示に従って入力、チェックしたら、「サインアップ」をクリック。これで新規アカウントを作ることができましたのでログインしてみましょう。

● **ダッシュボードから新規チャンネルを作る**

ログイン状態では、右上のログインの文字のところに人型のアイコンが表示されます。そこにマウスを載せるとプルダウンメニューが出てきますので、「ダッシュボード」をクリックしてください。ダッシュボードのページがUstreamの管理画面となります。

新規チャンネル名を入力する

配信するためにはチャンネルを作成しなければなりません。ダッシュボードの左のタテのメニューにある「チャンネルを作成」をクリックしてください。ポップ画面に、あなたが決めたチャンネル名、例えば「○○チャンネル」「○○TV」などを入れて作成ボタンをクリックします。このチャンネル名は、後から何度でも変えることができますので安心してください。

● **過去の番組を編集**

ライブ配信が終わると、録画を残すことができます。保存された過去の番組は、ダッシュボード左のメニューの「過去の番組一覧」から見ることができます。

ここでは、一つひとつの番組に対して、タイトルの編集やサムネイルの変更、YouTubeへのアップロードができます。

過去の番組を編集する

パスワードを設定する

● パスワード制限を有効的に使う

　特定の人だけに向けた配信を行う場合は、左側のメニューにある「セキュリティ」を選び、「パスワード設定」項目で好きなパスワードを設定します。ただし、無料でUstream配信を利用している場合、同時視聴者数は10名までなのでご注意ください。

● 未配信画面にスライドショーを設定する

　チャンネルページ（視聴ページ）の画面は、配信されていないときは真っ暗になっています。ここに、録画済み番組を流したり、自分が指定した画像をスライドショーに設定できます。
　スライドショーは、宣伝の画像などを何枚でも設定できるので、わたしはこちらをお勧めしています。「画像を表示」を選択して、画像をアップロードしていきましょう。

未配信時の設定をする

03 Broadcasterで配信する

　Ustreamは、パソコンならBroadcasterというウェブサービス、スマホやタブレットの場合はUstreamのアプリをダウンロードするだけで、とても簡単にライブ配信ができます。Broadcasterは、今の状況をライブで伝える、というシンプルな配信に向いています。

● 初心者でも簡単配信

　Broadcasterは、Ustreamのウェブサイトから設定や操作ができきます。パソコンだけでも、またカメラとマイクをつないでも配信できます。

気軽に配信することができるのですが、カメラに写ったものを配信するだけですので、画像や動画を見せたり、パワーポイントの資料を写すなど、凝った配信をすることはできません。

　定期的に番組配信をしてファンを獲得したいのであれば、次の項でご紹介する「Producer」という配信ソフトを使ってください。

　ここではBroadcasterの使い方を説明します。

① ライブ画面…ここに映っているものが、そのままライブで流れます。
② 配信ボタン…一度押すとライブ配信の開始、もう一度押すと配信終了。

Broadcasterの構成

③ 録画ボタン…このボタンを押すことでUstreamに過去の番組として録画が残ります。配信時に録画ボタンを押さないと番組が保存できません。

④ 画質…左にスライドさせると画質が荒くなります。

⑤ 音量…上部のレベルメーターを見ながら、入力ボリュームができるだけ赤のゾーンに入らないよう調整します。

⑥ 映像…初期設定はカメラがオンになっており、もう一度クリックするとオフになって映像が映りません。複数のカメラを切り替えることができます。

⑦ 音声…初期設定はマイクがオンになっていますが、もう一度クリックするとオフになり無音となります。マイクが数台の場合は切り替えることができます。

⑧ 解像度…映像の解像度を変えることができます。通常は真ん中の「Med」にしておきますが、モバイルルーターやADSLなどのときは「Low」で試してみましょう。

⑨ アスペクト比…16:9または4:3を選択できます。

⑩ タイトルの編集…ライブ配信している番組のタイトルを入れます。チャンネル名のリンクをクリックするとチャンネルページに飛びます。「現在配信されておりません」の表示は、ライブ開始と同時に赤の背景に白抜きの文字で「LIVE」となり、その右に同時視聴者数が表示されます。

⑪ メニュー…ここをクリックすると「ソーシャルストリーム」を選択することができ、コメントを投稿したり、視聴者からのコメントを見ることができます。

⑫ メッセージ…配信開始の３分後に、ここに入力された文字が配信されます。配信先は、下にある「Twitter」「Facebook」をチェックすることで選ぶことができます。メッセージの内容は修正が可能です。また、配信後にメッセージを送りたくない場合はキャンセルしましょう。右下の「共有」ボタンをクリックすることで、いつでもメッセージをシェアできます。

04　Producerで配信する

　ProducerはUstreamのライブ配信用ソフトです。ブラウザベースのBroadcasterとは違い、ソフトをパソコンにダウンロードしてインストールする必要があります。定期的な番組配信でビジネス活用するのであれば、必ずProducerを使いましょう。

● 本格的な配信が可能に

　Producerは、複数のカメラを使って切り替えたり、画像や動画を流したり、また画面の中に小さい画面を写す「PinP」（Picture in Picture）ができます。デスクトップを映すこともできますので、パワーポイントを映しながらセミナーを配信したり、Skypeの画面を映すことで遠方の方との対談も可能になります。

　一人でProducerの高度な機能を使って操作しながら上手に配

信するというのは、それなりの経験が必要になります。最初のうちはいろいろなトラブルやミスがあると思いますが、みなさん同じような失敗を繰り返しながらうまくなっていきますので、何度も試してみましょう。

　Producerの使い方を含め、動画でわかりやすく解説している「自分TVマスター講座」がありますので、ご興味があればお問い合わせください。(138ページ参照)自分TVをすでに活用して効果を上げている方々は、この講座受講者が圧倒的多数です。

　Producerは無料版と有料版がありますが、まずは無料版を使ってみましょう。ここでは無料版の使い方を解説します。

　ソフトは「Producerダウンロード」で検索してインストールしてください。

① ライブ画面…ここに映っているものがそのままライブとして流れます。
② ストリーム…このボタンをクリックすることでライブ配信が開始されます。同時に、Ustreamに録画が保存されます。
③ 録画…このボタンをクリックすることで、パソコンに動画データが保存されます(mpg4形式)。
④ 切り替え…カメラや画像のショットを自動的に切り替える「オートライブ」か、手動で変えるかを選ぶことができます。
⑤ オーディオ…左が音量レベル。下のアイコンをクリックすることで入力をON、OFFできます。右が音量レベルを調整す

Producerの構成

るスライダー。下のアイコンをクリックすることで、Producerから出力される音声をON、OFFできます。

⑥ ショット…ライブ画面に映すためには、ここでカメラや静止画、動画などのショットを選びます。配信したいものは、事前にここに並べて用意しておきます。

⑦ 新規ショット…＋マークにマウスを乗せることで出てくる四つのアイコンから選びます。左上が「カメラ」、右上が「マイク」、左下がデスクトップを映す「デスクトッププレゼンター」、右下が静止画や動画などの「ファイル」です。

⑧歯車マークをクリックして、「ソースを変更」でカメラなどを選択、「オーディオを変更」でマイクを選択、「テンプレートを変更」で画面の配置のテンプレートを選択します。

05 オープニング、エンディングを作ってみる

　オープニング、エンディングの画像や動画を挿入することで、番組らしくなり全体が締まります。何も難しく考えることはありません。番組名を入れた静止画1枚を数秒流すだけでもいいのです。ここでは、静止画によるオープニング、エンディング画像の作り方、そして、iPhone、iPadを利用した簡単な動画の作り方をお伝えします。

● 画像1枚だけで立派なオープニングに

　画像を作って、それをProducerに読み込むことでオープニング、エンディングとして利用できます。BGMを流したいのであれば、「オーディオを変更」から使いたい音楽データを選びます。音楽を使う場合は著作権を侵害しないよう注意してください。

　Macであれば標準で付いている「プレビュー」というソフトで画像加工できますが、もっと本格的な画像加工をしたいのであれば、AdobeのPhotoshopをお勧めします。また、Macのプレゼンテーションソフトkeynoteを使って作成して、画像として書き出すことができます。

　Windowsの場合は、無料で付属するグラフィックソフトの

メディカツのオープニング画像

「ペイント」で画像加工することができます。また、PowerPointで作成したものを画像に保存して利用できます。

どちらもネットで検索すると、解説ページや動画がたくさん出てきますので調べてみてください。

オープニング画像には、イメージ写真や本人の写真などとともに「番組名」「配信日時」「MCの名前」などの情報を入れておきます。

エンディング画像は、イメージ写真とともに「次回もお楽しみに！」「また見てくださいね！」などの文言を入れておくといいでしょう。手間はかかりますが、次回の日時やゲスト名などが入った画像を毎回作ると親切です。

● **オープニングを動画にするだけでインパクトが**

「動画を作りましょう」とお話しすると、多くの方が二の足

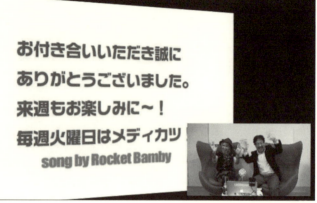

エンディング画像

を踏みます。ビデオカメラで撮影して、パソコンに落として編集……。考えただけで気持ちが萎えてしまうと言われる方もいます。

　そこで、iPadやiPhoneを使って手軽に動画作成をしてみましょう。iPadやiPhoneは、iMovieという優秀な動画編集アプリを無料でダウンロードできます。ビデオモードで撮影したら、iMovieで読み込んで編集。iMovieではカット編集はもちろん、オープニングやエンディング、テキストや音楽も付けることができます。編集が終わったらそのままYouTubeにアップロードできますが、Producerで使うことを考えて「データ」で保存します。パソコンとUSBで接続することで、iPadやiPhoneからパソコンにデータをコピーできます。Producerのショットから「ビデオショットの追加」で動画データを読み込めば、番組中に動画を配信することができます。（「04　Producerで配信す

る」を参照)。

　オープニングやエンディング動画にも、画像と同様な情報を入れておきます。iMovieに付属している曲以外を使う際は、著作権フリー、またはオリジナル曲を使うようにしましょう。

06 ソーシャルストリームを活用する

　最初のうちは、ゲストとの会話や配信の操作などで、ついソーシャルストリームのコメントの読み上げを忘れがちになるのですが、ファンを作るにはとても重要なことですのでしっかり対応してください。

● テレビにはないリアルタイムコミュニケーション

　3章でも少しふれましたが、Ustreamの最大の特徴は、何といってもソーシャルストリームによるリアルタイムコミュニケーションでしょう。

　わたしが学生の頃は、ラジオの深夜放送に出したハガキが読まれるか、ドキドキしながら聴いていたものです。現在、ラジオもメールなどに対応していますが、Ustreamは画と音声の両方が使えるため、視聴者との距離が劇的に縮まるのです。

● 配信中の拡散はソーシャルストリームから

1章でも紹介しましたが、ソーシャルストリームは、コミュニケーションをとる以外にも、Twitter、Facebook、mixiというSNSと連携して「拡散する」という機能があります。コメントを投稿すると、まずソーシャルストリームに表示され、同時に三つのSNSにも反映されます。これがとても重要で、SNSに反映された投稿を、その人のTwitterのフォロワー、Facebookやmixiの友達が見ることで、番組が配信中であることを知ります。投稿されたものにはリンクが貼られており、興味を持った人がそのリンクをクリックすることで、チャンネルページに飛んでくるという仕組みです。ですから、たくさんの人にコメントしてもらうことで、より多くの人に配信を知ってもらうことができるのです。

● ソーシャルストリームの使い方

視聴者がソーシャルストリームに投稿するには、Ustreamへのログインが必要です。Facebookのアカウントをお持ちなら「Facebookでログイン」が簡単でしょう。Facebookをされていない方は、最初にUstreamのアカウントを作る必要があります。Ustreamにログイン後、ソーシャルストリームのコメント入力欄をクリックすると、すぐ下にTwitter、Facebook、mixiのチェック欄が出てきますので、それぞれアカウントをお持ちの方はチェックしてください。チェックすることで、投稿した

ときにそれぞれのSNSに反映されて拡散されるのです。配信前の準備中、また配信中にも、積極的に自分で投稿して拡散しましょう。

07 アーカイブを考えた番組作り

UstreamのアーカイブはYouTubeで繰り返し見てもらうことになりますので、そのことを考えた構成作りも大切です。

● アーカイブ映像の重要性

YouTubeの検索や関連動画でアーカイブ映像を見つけてもらえるのはもちろんですが、ブログやサイトに埋め込んで見てもらうこともできます。ライブで配信したアーカイブ映像は、やはり編集や加工が施された動画より信頼性が高いといえます。

● ソーシャルストリームのコメントを読み上げる

前にもふれましたが、ソーシャルストリームに投稿される視聴者からのコメントは、番組MCがしっかり読み上げることが大事です。投稿者の名前、もしくはユーザー名、そして投稿内容もすべてしっかり読み上げてください。録画されたアーカイブを見るときにも力を発揮します。なぜなら、後からYouTubeで視聴する場合は、ソーシャルストリームを見ることができな

いからです。例えば、番組内でMCがソーシャルストリームのコメントを目で追いながら、「なるほどね！」「そうなんですよ！」と納得しても、アーカイブでは視聴者は何のことかさっぱりわかりません。ソーシャルストリームは名前やコメントをすべて読み上げることがとても大切です。

● **期限などの日程を曖昧に伝えない**

番組配信中に、ゲストのイベント告知や期間限定の特典などで、開催日時や有効期限などをお知らせすることがあります。ライブ配信の場合はそのとき視聴している人たちに向けて情報を提供しますが、アーカイブを見た人には、それがいつなのかわからなくなることがあります。

例えば、「開催日は今度の土曜日ですよ！」「今週いっぱいのご応募なら大丈夫です」と言ったとします。ライブで見た人は理解できますが、アーカイブを見た人はそれがいつのことなのかわかりません。「6月1日の18時スタートです」と告知した場合、翌年アーカイブを見た人が、その年の6月1日と勘違いしないとも限りません。そのような誤解を与えないためにも、MCであるあなたは、「2016年6月1日の18時スタートです」のように、100人が聞いたら100人がその日時を特定できるように伝える必要があるのです。

08　カメラとマイクについて

　Ustreamのライブ配信では、USBのウェブカメラとUSBのコンデンサーマイクを使います。簡単に番組配信を始められますが、画と音で情報を正しく伝えるためには気をつけたいことがいくつかあります。

● **カメラのセッティング**

　ビデオカメラと、ビデオスイッチャーを使って本格的に配信することも可能ですが、スタッフ０人、たった一人でのUstream番組を始めていただくにはパソコンのUSBに差すだけで簡単にセッティングできるウェブカメラをお勧めしています。たとえ安価なウェブカメラでも、カメラアングルや照明ひとつで上質な番組を見せることができます。

　まずカメラアングルですが、出演者が中心に来るようにしてできるだけ意味のない空間を出さないように気をつけます。初心者に多いのが、頭の上の空間です。そこに見せたいもの、例えば後ろの壁に貼ったポスターなどがあればいいのですが、意図するものがない場合はできるだけ空きを少なくしましょう。

　ウェブカメラの場合は、パソコンに乗せるのではなく、三脚等に付けて少し離れた場所に置きます。出演者の目線と同じ高

6章 Ustreamのライブ配信方法

「さいたま発！起業女史つながりカフェ」のウェブカメラとマイクのセッティング

さ、または少しだけ高い位置にします。

　出演者が二人の場合は、カメラに真っすぐ向かって座るのではなく、椅子を多少斜めにするなど、身体を半身にして向き合うようにセッティングしましょう。カメラの位置を正面ではなく、少し右か左にずらしてもいいでしょう。対談しているときはカメラ目線ではなく、カメラを意識せずにお互いに自然に話すよう心がけましょう。よく例に出すのがテレビの対談番組「徹子の部屋」です。二人が向き合って自然な感じで話していますね。参考になるので、チェックしてみてください。

● **マイクはできるだけ近づける**

　Ustream配信でお勧めしているマイクは、Blueの「Yeti」と「Snowball」です。

　この二つのマイクはウェブカメラと同じように、USBで接続

USBマイクのYeti

できるコンデンサーマイクでとても簡単に使用できます。Yetiは指向性を変えることができるので、二人での対談や複数人でのトークなどに対応できます。ただ、パソコン側で音量を変えられないので、できるだけマイクの周りに集まってもらうことが必要です。マイクから離れると音が小さくなりますので、動きが必要なときも、できるだけマイクに近い場所で動いてもらいましょう。どうしても離れた場所で話す必要があるときや、複数人の出演で一人ひとりの音声を明瞭に拾いたいときにはワイヤレスのピンマイクを使います。ただ、こちらは1台3万〜5万円ほどする高価なものなので、まずはYetiかSnowballを使い、音の近くにマイクを置く、ということを意識して配信しましょう。

09 Ustream配信の手順

ProducerによるUstream番組の配信手順を解説します。覚えるためにはとにかく経験を積むことです。定期的に継続して番組を配信していきましょう。

● 配信の準備から保存まで

■ パソコンに、ウェブカメラ、マイクを接続。ライトをセット。
■ Producerを起動して、ウェブカメラやオープニング動画、エンディング動画、使用する画像など、配信するために必要なショットをあらかじめ並べておく。その際に、マイクからの音が必要なショットについてはマイクを選んでおく。デスクトップのProducerの右側に、Ustreamのチャンネルページからソーシャルストリームをポップアップして配置しておく。
■ ショットごとにカメラ、マイクを選択。ウェブカメラやマイクを接続しているにもかかわらず認識されない（選択画面に出てこない）場合は、ショット横の「＋」からカメラやマイクを選択し、配信するショットの歯車マークから改めてカメラ、マイクを選択する。

- 本番配信15分ほど前に「ストリーム」ボタンだけをクリックして配信を始める。ソーシャルストリームに「もう少しで始まります！」「マイクの音は聞こえていますか？」など、自ら投稿して拡散する。
- ブラウザを立ち上げて、自分のUstreamチャンネルページで、画が映っているか、音が聞こえているかを確認する。音の確認ではイヤフォンを使用する。
- 「ストリーム」ボタンを押して本番前に一度配信を停止。ここまでは録画を残す必要がないので削除する。
- 配信するショットを選ぶ（黄色く囲まれる）。オープニングの画像または動画を選んでおく。
- 改めて「ストリーム」「録画」ボタン、「オープニング動画」ショットの順番にクリック。本番開始。「ストリーム」ボタンはクリックしてもすぐに反応（赤く囲まれる）しないが、あわてて二度押さないように注意。二度押すと配信停止になる。
- オープニングを7〜10秒流した後で、「カメラ」ショットに切り替えてMCの挨拶。
- ソーシャルストリームに投稿されたコメントは、できるだけすべて読み上げる。
- 配信中は、Producerに表示されている「帯域幅」「音量」に注意。無線LANやモバイルルーターで配信している場合は、帯域幅が狭くなると赤色の警告が出る。
- 番組中は、あなたの名前、肩書き、仕事の内容、イベン

トの告知など、自分の紹介をしっかり伝える。
- エンディングの画像または動画を7〜10秒流したら、今度は「録画」「ストリーム」ボタンの順にクリック。保存画面が出てくるので、タイトル、タグを適当に入力して「保存」ボタンをクリック。

● 配信後にするべきこと

- ダッシュボードの左のメニューから、「過去の番組一覧」をクリック。配信した動画の右にマウスを持っていき、右の▽マークから「編集」を選び、「タイトル」を修正して「公開」「非公開」を選ぶ。最後に「変更を保存」をクリックする。
- YouTubeチャンネルがあれば、同じく「YouTubeで共有」をクリックしてYouTubeにアップロードする。アップロード中はネットを遮断したり、パソコンを終了したりしないよう注意。無料でUstreamを利用している場合は、アーカイブ映像の保存期間は30日なので、早めにYouTubeにアップしておく。

7章

視聴者＝潜在顧客の増やし方

01 メディアで事前告知

　あなたがUstream番組をスタートしたとしても、視聴者がいなくては意味がありません。まずは「Ustream番組の存在」を知ってもらう必要があります。

● **配信しただけでは視聴者は集まらない**

　毎月開催している自分TVセミナーの中で、その場でライブ配信して、実際にどのように映るかをお見せすることがあります。ストリーム（配信）ボタンをクリックして、わたしが話している様子や、セミナー参加者の皆さんを映したりするのですが、カメラを向けられた受講生に「全世界に配信されちゃう！」と、顔を隠されたことがありました。

　確かに、インターネット配信ですから、世界中の人が見ることができます。しかし、そのときUstreamの視聴画面に表示されていた視聴者数は１。そう、視聴者は、配信画面を確認していたわたし一人でした。ただ配信ボタンをクリックするだけでは視聴者は集まりません。そこで、視聴者を集めるために、インターネットを使って事前告知をする必要があります。

● 視聴者＝潜在顧客を意識する

　「自分TV®」でブランディングや集客をする場合、まずは、UstreamやYouTubeの動画を使って「誰に」「何を」伝えるのかをはっきりさせなければなりません。そこがはっきりしてくると、どのような告知文で宣伝すればいいのかがわかってきます。

　例えば、あなたがエステサロンを経営しているのであれば、

- 「誰に」＝「40代の働いている女性に」
- 「何を」＝「無理をしないダイエット方法を」

と、明確に設定して番組告知としてまとめていきます。また、ゲストがどのような仕事をしているのか詳細にお知らせすることで、興味をもつ方が視聴してくれます。

　「自分TV®」をビジネスに活用する場合、たくさんの人を集めるよりも、興味のある人、大好きな人を集めることが重要です。どんなにたくさん視聴者を集めたとしても、あなたやゲストの方の仕事に興味のない人は番組を見てもアクションを起こしません。逆に、視聴者が5人、10人であったとしても、もともとダイエットに興味のある人であれば、Ustream番組を視聴したことをきっかけに来店してくれたり、契約してくれたりなど、アクションを起こしてくれる可能性が非常に高いのです。さらに、そこであなたのファンになってくれた方は番組の

リピーターとなり、SNSを使ってさらに拡散してくれるでしょう。

● **視聴者を集めるための労力を惜しまない**

自分の番組を知ってもらうには、それなりの手間と時間が必要です。ここをおろそかにしていると、いつまでたっても視聴者は増えません。つまり売り上げアップにもつながりません。

番組配信を開始→視聴者が増えない→反応がない→テンションが下がる→休みがちになる→終了

こういったパターンに陥らないためにも、番組の存在を知ってもらうため、ソーシャルメディアなどを活用したり、実際に会った方に宣伝するなど、告知の労力を惜しまないようにしましょう。

次項からは、それぞれの使い方を具体的にお伝えしていきます。

02 Facebookへの投稿

現在、Facebookはプライベートやビジネスでのコミュニケーションに、なくてはならないツールとなっています。「自分

TV®」をビジネスに活かすためにも、即効性があるFacebookは必ず使ってほしいSNSの一つです。

● Facebookだけでも集客可能

Facebookはビジネスにおいてもイベントの告知や商品、サービスの紹介などで積極的に使われています。わたしのセミナーも、Facebook経由でたくさんの方にご参加いただいております。コメントやメッセージでコミュニケーションがとれるため、上手に活用すればFacebookだけでも集客が可能です。

でも、だからといって過度な売り込みはいけません。まだ、それほどお互いを知らない相手に「○○を買ってください！」と言うのは信頼を損ないます。まずは、自分が何の仕事をしているのか、どんな悩みを解決できるのか、といったことを発信していきましょう。極端な売り込みはいけませんが、Facebookの個人ページでは、自分の仕事のことは積極的に伝えていいのです。ただし、商品、サービスの紹介、イベント、セミナーなどの情報ばかりではいけません。あなたの興味のあること、考え方、うれしかった出来事など、あなたの「人となり」がわかってもらえる投稿が最も重要です。バランスを考えて投稿するようにしましょう。

● Facebookでの告知方法

Ustream番組を開始した当初は、視聴者を増やしてコメントをたくさんもらい番組を盛り上げなければなりません。そのた

めにもFacebookの友達に積極的に番組の告知をしましょう。

Facebookで告知をする場合、次のような方法があります。

- 個人ページでの投稿…例えばライブ配信3日前の午前中、前日の夜、当日の朝、そして、番組が始まる15分前などにも投稿しましょう。友達のニュースフィードに出るタイミングや、友達がFacebookを使う頻度により、たくさん投稿しても見なかった、知らなかった、ということもあります。1回の投稿だけですませるのではなく、日や時間帯を変えて複数回投稿しましょう。それぞれの投稿は、文章を変えたり画像を変えるなどして、目にとまるようにします。15分前の投稿は、ゲストなどと一緒に自撮りした写真を使うと効果的です。

- Facebookページでの投稿…自分TVの活用を始めたら、専用のFacebookページを作りましょう。わかりやすいようにタイトルは番組名にします。「いいね！」ボタンでフォローしてもらうことにより、相手のニュースフィードにあなたの投稿が出るようになります。CTA（コールトゥーアクション）を使うことにより、UstreamやYouTubeチャンネルへ誘導することも可能です。

- Facebookページのライブ動画活用…スマホでFacebookページにアクセスすることで、ライブ配信ができます。Facebookページマネージャーのアプリをインストールして、該当するFacebookページを選び、「投稿する」をタップします。写真やチェックインのアイコンと並んでいる

Facebookでの告知

ライブ動画をアイコンタップします。あとは指示通りに進むとライブ動画を配信できます。Ustream番組の配信30分ほど前からFacebookライブ動画の配信をはじめて、Ustreamに誘導してください。ちなみにFacebookページからですと、最長1時間30分配信することができます。公開設定は「公開」のみですのでご注意ください。（2016年4月時点）

■ イベントページでの投稿…イベントページでの告知も有効です。イベントページを立ち上げて友達を招待することで、番組の認知度を上げることができます。毎週配信の場合、そのたびに新たにイベントページを立ち上げるのは大変です。同じイベントページで日程のみ変える方法もあります。

■ グループでの投稿…Facebookグループを作り、興味のありそうなお友達を招待しましょう。グループに投稿する

ことで、「お知らせ」機能により全員に知らせることができます。わたしは「自分TV応援隊」というグループを作っています。番組立ち上げ当初はなかなか人が集まらず、コメントも少ないため、皆さんここで告知して、番組を仲間で応援しています。グループのメンバーは、原則としてわたしのセミナーやオンライン動画購入者に限られていますが、この本を読んで自分TVを始めた方で「自分TV応援隊」グループに参加希望の方は、ご連絡ください。

- メッセージへ送信…友達にUstream番組の案内をメッセージで伝えましょう。出演していただくゲストには、告知の協力をお願いしてください。そのときに、告知文のテンプレートと告知画像を一緒に送ると親切です。
- Facebook広告…Facebook広告は非常にコストパフォーマンスに優れているので、ときには番組告知などに使ってもいいでしょう。イベントページ、または外部サイトにもリンクできるので、Ustream番組のイベントページやブログ、メルマガ登録のページに誘導しましょう。

● **情報をわかりやすくまとめる**

告知文には、番組名や日時、URLなどの情報を、わかりやすく入れましょう。また、画像を作るときには、情報が正確に伝わるようレイアウトします。

告知画像の一例

【Facebook投稿の告知文(例)】

　11日(金)20時からの自分TV「第274回どんどん夢が叶う・メディカツ」のゲストは、ピアニストで作編曲家の宮嶋みぎわさん、2回目のご出演です!

　現在はニューヨークを拠点としてご活躍で、The Vanguard Jazz Orchestraの日本代理人としてご存知の方も多いでしょう。

　今回コンサートのために日本に戻って来て忙しいところを、無理をお願いしてご出演いただくことになりました。

　今回は変則的に金曜日のメディカツですが、ぜひ見てくださいね☆
→　http://www.ustream.tv/channel/medikatsu

7章 視聴者＝潜在顧客の増やし方

※こちらの視聴ページ内「今後の番組予定」のオレンジボタン「お知らせ登録」を登録してもらいますと、番組開始1時間前にお知らせメールが届きます☆

【ゲストにお願いするFacebook投稿の告知テンプレート】
　〇〇さん、こんにちは！

　〇日はよろしくお願いいたします！

　ゲストの方から告知をしていただくと視聴者数が増えますので、ぜひブログ、メルマガ、Facebook等で、告知をよろしくお願いいたします。

　見てもらいたい方には個別メッセージがいいかもしれません。
　告知用の画像と、告知文のテンプレートをお送りします。
　文章は適宜修正してお使いください。

　よろしくお願いいたします。

==

　〇月〇日（火）20時より、自分TV「第〇回　どんどん夢が

叶う・メディカツ」に出演いたします。

　メディカツは、これまでに、「なんでも鑑定団」でおなじみのおもちゃの鑑定士・北原照久さん、歌手の岩崎宏美さん、シンガーソングライターの杉真理さん、元巨人の篠塚和典さん、漫画家のかわぐちかいじさんなどの著名人も多数ゲストで出演されています。

　インターネットテレビですので、パソコン、タブレット、スマホなど、誰でも無料でご視聴いただけます。
　また、ライブ配信なので見ながらリアルタイムにコメントもできます！
　ぜひ、20時になったらアクセスしてみてくださいね♪

●パソコン…http://www.ustream.tv/channel/medikatsu

●モバイル…http://m.ustream.tv/channel/medikatsu

※モバイルでご視聴いただく場合は、Ustreamのアプリをダウンロードしてお使いいただくとコメントをすることができます。

==

03 Twitterでの告知

わたしの周りでは、ひと頃に比べるとTwitterよりもFacebookを利用する方が増えてきています。とはいえ、Twitterの拡散力はまだまだパワーがあります。Ustream番組を始めるにあたり、Twitterも積極的に活用しましょう。

● **UstreamとTwitterの関係**

Ustreamには投稿したコメントにハッシュタグを付ける機能があり、後からハッシュタグで投稿されたコメントを簡単に調べたり、まとめサイトを作ったりすることができます。

参考 →【永久保存版】メディカツ第75回：北原照久＆水越浩幸対談シネUst　http://togetter.com/li/224191

最近はFacebookのIDでのコメントも多くなりましたが、TwitterのIDで投稿してくる人はまだたくさんいますので、ハッシュタグの設定はしておきましょう。

ちなみに、FacebookのIDにはハッシュタグがつかないため、Twitterのように後から検索したりまとめて見ることはできません。

● **Twitterで事前告知**

他のメディアと同じように、Twitterでも番組の事前告知をしますが、主な使い方としては次のようなものがあります。

- Twitterから番組の告知を直接ツイート
- ブログと連携して番組告知のブログ記事情報を自動ツイート
- Facebookページと連携してFacebookページの番組告知投稿を自動ツイート

ブログやFacebookページ、google+などの投稿記事は、Twitterに文章とリンクで誘導するように投稿しましょう。

Twitterから直接ツイートする場合は、Ustreamのチャンネルページのリンクを張ってもいいでしょう。

【Twitterでの投稿例】
本日28日（火）20時からのメディカツは、記念すべき250回目となります！
皆さんからのお祝いコメントもお待ちしております！！
→　http://www.ustream.tv/channel/medikatsu

● **Twitterのフォロワー数を増やす**

多くの人に「自分TV®」のことを知ってもらうためにも、

7章 視聴者＝潜在顧客の増やし方

Twitterのフォロワーは毎日少しずつでもかまいませんので増やす努力をしていきましょう。

ところで、プロフィールとプロフィール画像は適切なものになっていますでしょうか？　自分がどういう仕事をしているのかを伝えると同時に、親近感をもってもらえる内容が大切です。例えば、わたしの場合は次のようなプロフィールになっています。

たった1時間であなたのファンにさせてしまうインターネットテレビ「自分TV®」でビジネスを加速！あなたも始められる【「自分TV」ビジネス活用7日間無料メール講座】→ http://www.reservestock.jp/3677 昭和のおもちゃとMacを愛する50代。夢は妻と息子と3人での個展開催♪

このように、何が提供できるかを伝えつつ、人柄がわかる親しみある紹介文が大切です。

また、ビジネスを考えたプロフィール画像であれば、抽象的なイメージなどではなく、できるだけ顔写真を使いましょう。

フォロワーを増やすためには、こちらからフォローしていくことが一番の早道。毎日30人ほど、フォローしていきましょう。そのときに、あなたを必要としているようなキーワード、例えば「子育て」「痩せたい」「セミナー　人集め」などで検索して、そのキーワードを含んだ文章を投稿している人をフォローします。

ただし、Twitterには5000人制限があり、フォロー数が5000件に達したアカウントに対しては、追加してフォローできる件数に制限がかけられています。

　また、フォロワーを増やすには、あなたのツイートの質を上げることが必要です。投稿を読んだ相手が思わずフォローしたくなるような、専門的で絞り込んだツイートを心がけましょう。

　こうして集まったフォロワーに「自分TV®」のライブ配信を告知することで、視聴してくださる方が増えていきます。

04　ブログで予告と報告をする

　ブログを活用すると、そこから「自分TV®」のUstreamチャンネルやYouTubeチャンネルへの誘導ができます。ここでは自分TVの告知のコツなどをお伝えします。

● どのブログが効果的か

　わたしがお勧めしているのはアメブロと呼ばれているアメーバブログです。その理由ですが、何といっても利用者が多く、アメブロ内だけでもビジネスが成立してしまうからです。そして、「コメント」「読者登録」や「いいね」機能など、利用者同士の交流を加速させるためのツールがいろいろと用意されてい

7章 視聴者＝潜在顧客の増やし方

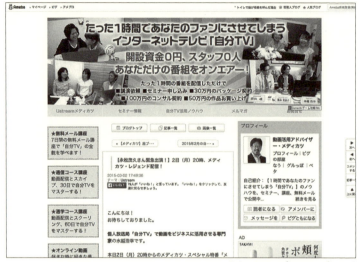

わたしのアメブロのトップページ

ます。こういったツールを上手に活用することで、ファンや仲間をたくさん作りビジネスにつなげることができます。

　ただ、商用利用には厳しく制限されており、アメブロ上で売買をしたり売買目的のサイトへリンクを飛ばしたりすると、いきなりアカウント削除になることもあるようです。ここを注意して利用すれば、アメブロを使うメリットは大きいでしょう。

　ただし、アメブロ内に潜在顧客があまりいないような場合は、独自ドメインでWordPressなどを使って立ち上げた方がいいケースもあります。独自ドメインであれば、商用でもまったく問題ないので、自分の好きなように作ることができます。アメブロと同じように簡単に更新できますし、プラグインをダウンロードすることでさまざまな機能を増やすことも可能です。

● **ブログで番組の告知記事を投稿**

　まず月初めに、その月のゲスト出演者の名前一覧を紹介して記事をアップします。そのときにUstreamのチャンネルページにある「今後の番組予定」をキャプチャして画像として使うといいでしょう。

　前日には、告知内容を詳しく入れたものをアップします。タイトルにはゲストのキャッチコピーや肩書きと名前を入れましょう。本文には、ゲストの紹介、そして、配信日時、番組のURLもしっかりと入れておきます。ゲストの画像はFacebookから借りる場合は許可を取るか、事前にデータでもらっておきます。

　そして、FacebookやTwitter、google+、mixiなどに、ブログ記事のURLをリンクさせてシェアします。また、アメブロに

今後の番組予定

せよWordPressにせよ、今はプラグインのソーシャルボタンやソーシャルプラグインが付けられます。ブログを読んでくれた人が、簡単にいいねボタンなどで拡散してくれますので、このプラグインは必ず設置するようにしてください。

●「自分TV®」の配信が終わったら報告を

「自分TV®」の番組配信が終わったら、できるだけ早く報告の記事をアップしましょう。番組はどんな内容だったのか、番組に出演してくれたゲストの感想など、当日撮影した画像、または動画のキャプチャ画像なども入れておきます。そして一番大事なことは、アーカイブのYouTube動画を埋め込んでおくことです。動画視聴によりページの滞在時間が長くなることでgoogleの評価も高くなりますし、何よりブログを読んでくれた人にすぐに動画を見てもらうことができます。

05 メルマガで一斉告知

メールマガジン(以下メルマガ)は、以前からある強力な情報発信ツールです。迷惑メールが増えたことなどにより、以前よりは開封率が落ちてはいますが、まだメルマガの効果は健在です。

● **ステップメールで魅力を伝える**

 ステップメールとは、事前に用意したメールを、数日間、順を追って定期的に送ることができるサービスで、購読者にまとまった情報を一から届けることができます。例えば、あなたがコンサルタントの場合、得意な分野についての説明、クライアントになることでどういったメリットがあるか、これまでにどういった事例があったか、またクライアントの感想など、メルマガすべてを読み終わった後に思わず相談したり契約したくなるような内容を、数日間に分けて送るのです。

 登録すれば、どのタイミングでも必ず第一回からメール配信が始まります。まだステップメールを使ったことがなければ、これを機会に始めてみましょう。

 このステップメールの中で、あなたがインターネットの自分TVというメディアを活用していることを伝えてください。ライブメディアのチャンネルを持っている、ということだけで信頼性が増すのです。そして、番組タイトル、配信の日時、ゲストの紹介、そして視聴ページのURLなどを盛り込みましょう。興味のある購読者は必ずリンクをクリックしてくれるはずです。

● **メルマガで「自分TV®」を告知**

 メルマガがあまりにも増えすぎ、また迷惑メールの増加などにより開封率がかなり落ちていきています。それでも、手元に

届くプッシュ型のツールのため、興味のある人に向けての情報発信と考えると、やはりメルマガははずせません。

メルマガを配信する際には、有料のメルマガスタンドをお勧めします。料金体系や機能はさまざまですが、「予約配信ができる」「開封率がわかる」「グループが作れる」などの機能が備わっているかを確認しておきましょう。

Ustream番組を告知する場合、配信当日の朝にメルマガを配信するのが効果的です。番組タイトル、配信日時、ゲストの紹介、そしてチャンネルページのURLを盛り込みます。

● **メルマガ登録者を増やす**

あなたのUstream番組をたくさんの人に知ってもらうためにも、メルマガの登録者を増やす努力をしなければなりません。まずはメルマガの専用登録フォームを、WEBサイトやブログなどに貼りましょう。登録フォームがない場合は、登録ページのリンクを貼っておきます。

また、メルマガの登録ページにリンクを貼った記事を作りましょう。このとき、興味を持った人に登録してもらうためにも、キーワードを含んだタイトルをつけます。例えば、メガネ店であれば、「武蔵小金井　メガネ」「遠近両用」「子ども用メガネ」など、検索で表示されやすいキーワードをタイトルに使った記事を作ってください。

> ●今でもアイドル！桑田靖子さん３回目の登場！
>
> 本日22日（火）20時からの、自分TV
> 「第276回どんどん夢が叶う・メディカツ」のゲストは、
> 歌手の桑田靖子さんです！
>
> 今回で３回目のご登場！
>
> うれしいな～♪
>
> 前回のメディカツを貼っておきますよ～
> https://youtu.be/gPPpbgSii6U

メルマガもまだまだ有効な告知手段

06　YouTubeで番組告知

　「自分TV®」の宣伝に動画を活用しましょう。特にYouTubeは何度も繰り返し再生されますし、リンクを貼っておくことでワンクリックでチャンネルページに来てもらうことができます。

● いろいろなキーワードで複数の短い動画を作成

　これまで、YouTube動画は検索で上位に出やすいとお伝えしてきました。あなたが扱っている商品やサービス、コンテンツに興味のある人に見つけてもらうために、キーワードを含んだタイトルで3分以内の短い告知動画を作成しましょう。潜在顧客は一つのキーワードだけで検索するとは限りません。メガネを例にしますと、「メガネ」「老眼」「遠近両用」のような1キーワードだけでなく、「メガネ　老眼　度数」「メガネ　ブランド　おしゃれ」など、複合キーワードで検索する人もいます。さまざまなキーワードを付けたタイトルで、いくつもの動画をたくさん作成していきます。

　また、動画の説明欄には、必ずUstream視聴ページのリンクを貼っておきます。いくらUstream番組の宣伝をしたところで、リンク先がわからないと見ることができません。また、説明欄にはできるだけ詳しく、見てみたくなるような番組の情報を入れておきましょう。メルマガ登録やブログ、WEBサイトのリンクを入れてもいいでしょう。ただし、ここで大事なことは、クリックしてほしい重要なリンクは「3行以内に入れる」ということです。パソコンですと、4行目以降は「もっと見る」をクリックしないと見られないようになっているので、見過ごされてしまう可能性があるためです。ここにもタイトルと同じキーワードを入れておきます。

　そして、タグの欄にはキーワードを入れておきます。タグ

は、YouTube動画の関連動画と紐づけられるので重要です。なぜなら、動画によっては検索よりも関連動画をクリックして見に来る方が多いからです。

● **iPadやiPhoneを使って簡単に告知動画作成**

タイトルや説明、タグの調整は重要ですが、動画そのものの内容ももちろん大切。とはいっても、「わたしには敷居が高い」という方にはiPadやiPhoneでの動画作成をお勧めします。iPadやiPhoneには、カメラ機能の他にビデオ機能が標準で付いています。例えば、パソコンとウェブカメラ、マイクのセットを置いて、「簡単セッティングで個人放送局開局です。ステキなゲストをお招きしての1時間。視聴しながらコメントすることもできます。ぜひ、ライブで自分TVをお楽しみくださ

告知動画を用意する

い。毎週火曜日の20時からスタートです！」と、iPhonやiPad に話しかけてみましょう。

このビデオ機能はアンドロイド端末にも搭載されていますが、iPadやiPhoneの強みは、iMovieという動画編集アプリがあるところです。このアプリを使えば、自分が登場しなくても、数枚の画像を編集でつなぎ合わせた告知動画も簡単に作ることができます。画像をつなぎ合わせて、あなたのナレーションを入れるだけです。iMovieには、音楽もテキストも簡単に付けられるので、キーワードを変えた告知動画をたくさん作っておきましょう。

● ゲストに登場してもらって告知動画を作成

毎回ゲストがいらっしゃるのであれば、せっかくですから番組が終わった後で、出演の感想や次回のゲストの紹介をしながらiPadやiPhoneで撮影してiMovieで編集。それを告知動画として使ってみましょう。毎回新しい告知動画を作ることができます。

07 Ustreamチャンネルページで各種登録

Ustreamのチャンネルページを上手に利用することで、視聴者に番組のお知らせをしたり、拡散させることができます。こ

こでは、具体的な使い方を説明します。

● チャンネル登録してもらう

チャンネルページには、「チャンネル登録」というオレンジのボタンがあります。ここをクリックしてチャンネル登録すると、そのチャンネルで配信が始まると同時に登録者にメールでお知らせが届きます。

例えば、好きなチャンネルページを「チャンネル登録」すると、予定にはない突然の配信をしたとしても、配信と同時にメールが送られてくるので、見逃すことがありません。ただし、この機能を使うには、視聴者がプレミアムメンバー（月額324円）に登録している必要があります。

● お知らせ登録してもらう

ダッシュボードで「新規番組の作成」をすることで、Ustreamのチャンネルページに、今後の番組予定を表示させることができます。

ここには、番組のタイトルや配信時間などが表示されますが、視聴者がオレンジのボタンの「お知らせ登録」をクリックして登録することで、番組配信1時間前にメールでお知らせが届く仕組みです。こちらは無料で利用できます。

08 配信中にソーシャルストリームでコメント

6章でもご紹介しましたが、Ustreamのチャンネルページにある、ソーシャルストリームのコメントを入力するボックスに、Facebook、Twitter、mixiと連携するためのボタンがあります。

ここをチェックしてコメントを投稿することで、それぞれのSNSにも同時に投稿されます。友達やフォロワーが多いほど、コメントの反応率もよくなりますので、積極的に友達やフォロワーを増やしていきましょう。

● **ソーシャルストリームに投稿してもらう**

ソーシャルストリームのおもしろいところは、Facebook、Twitter、mixiと連携することにより、投稿されたコメントが拡散されるところです。番組を見ていなくても、この投稿によりコメント内容やそのチャンネル名から興味を持った人がリンクをクリックして、チャンネルページに飛んで来るのです。

例えば、ある視聴者がソーシャルストリームに「導線経営には三つのステップがあるんですね！」とコメント投稿したとします。すると、同時にその方のFacebook、Twitter、mixiに同じ内容が自動的に投稿されます。それぞれの友達やフォロワー

がその投稿を見て、「導線経営ってなんだろう？」と投稿内にあるリンクをクリック。すると、ブラウザが立ち上がりUstreamのチャンネルページに飛んで番組を見る、という流れになります。友達やフォロワー数が多く、日頃からコミュニケーションがとれていれば、当然反応率も高くなるわけです。

09　名刺やDMなど紙媒体での宣伝

　名刺やDM、ニュースレターなど紙媒体からの誘導も大切です。QRコードやARを使うことでスマホやタブレット端末で視聴してもらえるよう工夫しましょう。

● 紙媒体からパソコンに誘導するには

　名刺にご自分のウェブサイトやUstreamのチャンネルページのURLを印刷しても、ブラウザにURLを打ち込んで見る方はほとんどいないといっていいでしょう。長いURLならなおさらです。URLではなく検索で上位に表示されるキーワードを印刷しましょう。例えば「メディカツ」で検索すると、一番目にメディカツのUstreamチャンネルが出てきますので、【「メディカツ」で検索】と一行入れればいいのです。

　一つのキーワードで出てこない場合は、【「メディカツ　ユーストリーム」で検索】などのように、複合キーワードでも構い

ません。

● QRコードを使って誘導

　紙媒体からスマホに誘導するには、QRコードが一番簡単です。QRコードの読み取りアプリを立ち上げて、写真を撮るようにQRコードにかざせば、自動的に読み取ってくれます。

　ただし、読み込み先のウェブサイトがスマホ対応でなければ離脱する可能性が高くなるので、あらかじめスマホ対応をしておきましょう。

　QRコードは、ウェブサイトの無料サービスで簡単に作成することができます。「QRコード作成」で検索するとたくさん出てきますので、実際にいくつか作って試してみてください。

　（株）シーマンのQRコード作成サイト
　https://www.cman.jp/QRcode/

8章

よくあるトラブルと
その対処法

01 ウェブカメラやマイクが認識しないトラブル

Q ウェブカメラが認識せず真っ暗になります。また、マイクが音をまったく拾わないことがあります。

A わたしがお勧めするUstream配信の機材セッティングは、基本的にウェブカメラとコンデンサーマイクをパソコンとUSBでつなぐだけの簡単なものです。セッティングは簡単ですが、接続した機器が認識しなくなるということがたまにあります。まず、USBが奥まで正しく差し込まれているか確認してください。そして、コードや接続部分に損傷がないか調べてみます。次に、USB端子から一度抜いて再度差し込み、ブラウザまたはProducerなどの配信ソフトを再起動してみましょう。一度ではなく、何度か繰り返すと認識する場合があります。また、USB端子に差したまま、パソコン本体を再起動すると認識することもあります。

配信開始の直前に機器の調整を行うと、カメラやマイクが認識しなくなるなど、不測の事態が起こる可能性がありますので、機器やパソコンのセッティング、準備は余裕を持って行うようにしましょう。

また、パソコンのUSBは使える容量が決められています。

電源付きのUSBハブ

USB端子がたくさんあっても、いくつも同時に使えるわけではないので注意してください。Ustream配信をする場合、通常はウェブカメラとマイクの二つをつなぐと、それだけで容量いっぱいになりますので、ウェブカメラをもう1台つないでも認識されません。ウェブカメラを2台使いたい場合は、「電源付きUSBハブ」を使用してください。

　それでもカメラが認識しないという場合は、パソコン内蔵のカメラを使ってください。また、高額なものでなくてもよいので、もう1台予備のカメラを持っていると安心です。

　また、カメラ、マイクとも使えないという場合は、思い切ってiPadなどのタブレット端末、iPhoneなどのモバイル端末で、Ustreamのアプリをインストールして配信してみましょう。こ

れらの端末には、カメラもマイクも付いていますので、Wi-Fi環境さえあれば配信が可能です。しかし、これはあくまで緊急措置と考えてください。

02 音声に関するトラブル

Q 音がハウリングを起こしたり、風呂場で話しているようにこもったりすることがあります。

A Ustreamの配信中は、パソコンから音が出ないようにミュート（無音）にします。パソコンから音が出ていると、その音をさらにマイクが拾うためハウリング現象が起こります。また、パソコンの音声をミュートせずに、配信ソフトやUstreamのチャンネルページの音声のみをミュートしただけですと、配信中に流れるCMの大きな音が出てしまうので注意してください。パソコンの音声をミュートするか、イヤフォンやヘッドフォンをつなげておきましょう。

ただし、配信前にチャンネルページから音声が出ているかは必ず確認してください。Producerから音声が確認できたとしても、チャンネルページで聞こえていないと、視聴者に音が届いていないということになります。また、たとえ配信用パソコンから音声が出ていなくても、スタッフやギャラリーのパソコン

や端末から音が流れていると、その音をマイクで拾ってしまうためハウリングを起こす可能性がありますので周りの音にも注意してください。

なお、Producerという配信ソフトを使った場合、マイクを複数チェックして選んでしまうと、風呂場で話しているように音声がこもってしまいます。マイクは一つのみを選んでいるか常に確認するようにします。

Q マイクから離れると音声が小さくなってしまいます。

A 音声が正しく届いているか確認することは大変重要です。常に音声のレベルメーターをチェックして、音が認識されているかを注意するようにしましょう。

また、マイクから離れると声が小さくなってしまうので、できるだけ体の近くに置くようにします。

しかし、工夫次第で遠くの音も拾うことができます。

例えば、USBの延長コードをつなげることでマイクと一緒に移動すれば、遠くからでも音声を届けることができます。

また、マイクは一本しかつながっていませんが、もう一つのUSBにつながっているウェブカメラをマイク代わりにして、同じくUSBの延長コードをつなげて離れた場所から音声を届けることができます（ただし、マイクが内蔵されていないウェブカメラもあります）。

なお、こうした状況が多い場合は、ある程度慣れた段階で、スタッフを一人頼んで、ミキサーとワイヤレスのピンマイクを購入して使ってみましょう。ピンマイクがあれば、両手が使えますし、カメラやパソコンから離れた場所からでもクリアな音声で配信することができます。

03 録画（アーカイブ）に関するトラブル

Q 録画されずにアーカイブが残りませんでした。

A Broadcasterで配信した場合は、「録画」ボタンを押さなければUstreamに録画は残りません。また、押したとしても最後の「保存」ボタンを押さなければ保存できません。タイトルや概要、タグなどは後で変更できるので、簡単な文字を入れてとりあえず「保存」ボタンを速やかに押してアーカイブを残しましょう。

また、Producerの場合は、「ストリーミング」ボタンをクリックすることで、ライブ配信と録画が同時に行えます。ただし、Producerを立ち上げたときに「Ustreamでの配信を録画」にチェックを入れないと、録画が残りませんので注意してください。

Q 過去の録画が削除されてなくなっていました

A Ustreamは無料でアカウントを登録してライブ配信することができますが、無料利用の場合、録画（アーカイブ）が残る期間は、配信日から30日間となります。30日を過ぎると削除されますので、その間に「YouTubeで共有」を使いYouTubeにアップロードしておきましょう。Producerをお使いの場合は、配信のときに「録画」ボタンを押すことでデスクトップにmp4の動画データを保存することができます。

または、有料のアドフリープラス（月額9800円～）に加入すると、過去の録画はすべて残るほか、バックアップとして自動録画でもう一つアーカイブを残せます。

Q YouTubeで共有しようとしましたが、違うチャンネルにアップされてしまいます。

A ダッシュボードの過去の動画一覧から、録画した動画を「YouTubeに共有」でYouTubeにアップできます。このときYouTubeチャンネルを複数お持ちの方は、あらかじめダッシュボードの「ソーシャルアカウント連携」でYouTubeチャンネルを指定しておかないと、違うYouTubeチャンネルにアップされてしまうことがあります。

「YouTubeで共有」する前に、「ソーシャルアカウント連携」

でアップロードするYouTubeチャンネルを選択しておきましょう。

04 ライティングについて

Q ライトは必要でしょうか。

A 「映っている」というレベルでよいのなら、確かに最近のウェブカメラは暗さにも強いのでライトがなくても問題ありません。ただ、映像のクオリティを上げたいのであれば、やはりライトはあった方がいいでしょう。

　基本的に部屋のライトは上から照らされており、顔の影が出やすいのです。そのため、ライトを1灯当てるだけでも、効果があります。

　また、キャッチライトと呼ばれ、瞳の中にライトが星のように映りこむ状態を作り出せるため、人物をより魅力的に演出することができます。

　昼間でも、部屋の中は意外に暗いものです。ライトを1灯当てる、または銀レフなどで光を集めることで顔が明るく映るようにしましょう。

Q ライトを当てても、画面で見ると顔が暗くなっています。

A ウェブカメラの場合、背景が白いと、自動的にカメラの光の量が絞りこまれるため、ライティングしても顔などが明るくならないことがあります。こういった場合は、暗めの背景に変える、ライトをやや近めから顔に当てる、白い背景を少なくするアングルに変える、パソコンからウェブカメラのコントローラーで露出を調整する、などの方法があります。いろいろと試してみましょう。

Q ライトが強いせいか、顔が真っ白になってしまいます。

A 部屋が狭く、ライトが近くからしか当てられないために顔が白く飛んでしまうということがあります。こういうときには、ライトを人に向けるのではなく、天井に向けて反射させてみましょう。そうすることで、柔らかな光が全体に当たり、ちょうどいい明るさになるはずです。

05 配信が止まったり、うまくつながらない場合は

Q モバイルルーターを使って知り合いのカフェで配信したのですが、何度も落ちて配信ができませんでした。店舗からの配信は難しいのでしょうか？

A インターネットは、どこでもつながるわけではありません。配信したい場所でインターネットがつながるかどうかを、必ず事前に確認しておく必要があります。

有線LANでの配信が難しい場合は、無線LANでつながるか事前に確認しておきましょう。また、無線LANなどのネット環境がない場合は、モバイルルーターでネットにつながるか確認します。モバイルルーターにはいろいろ種類がありますが、どの場所でどの機種が必ずつながるとはいえないのが実情です。

また、帯域制限の関係で時間帯によっては配信できなくなることがありますので調べておきましょう。無線LAN、モバイルルーターどちらの場合でも、ネット環境が不安定なため、途中で落ちる可能性のあることを事前に視聴者に伝えておく必要があります。

Q まったく配信ができません。他の番組を見ても画面が真っ暗で何も映っていません。先ほどテスト配信したときはできたのですが……。

A パソコンの故障、ブラウザの種類やバージョンなど、いろいろと原因は考えられますが、これだけの情報では原因の特定はできません。ただ、次のようなチェックで未然に防ぐことは可能です。

■ パソコンに原因がある場合

　古くて性能そのものに問題がある、余計なソフトが入りすぎていたり、メモリが足りないなど、パソコンに原因が考えられることがあります。Ustreamの配信はパソコンに負荷がかかるので、Mac、Windowsに限らず、できるだけパワーのあるCPUで、できればメモリは8GB以上にしておきましょう。

■ パソコンにインストールされているソフトに原因がある場合

　ソフトやアプリのアップデートは定期的にするようにしましょう。配信ソフトのProducerやブラウザも、できるだけ最新のものを使うようにしてください。

■ Ustream側のサーバーなどのトラブル

　こればかりは防ぎようがありません。何か原因のわからないトラブルが起こった場合は、TwitterやFacebookページをチェ

ックしてみましょう。また、Ustreamのサポートセンターに問い合わせしてみてください。

　そして、もしUstream側の原因であなたの番組が配信できなかった場合は、速やかにソーシャルストリームや自分のブログなどで、視聴者にトラブルの原因や理由、そしてお詫びの投稿をしましょう。

●Twitter…https://twitter.com/ustream
●Facebookページ…https://www.facebook.com/ustream

06　視聴者数に関する疑問

Q 番組の配信を始めましたが、視聴者数が増えないのはなぜでしょうか？

A Ustreamは、配信ボタンを押して配信しただけで視聴者が勝手に集まってくるものではありません。まずは、配信するコンテンツや番組の存在について知ってもらう必要があります。そのためにも、無料のツールであるブログやメルマガ、FacebookやTwitterなどのソーシャルメディアを積極的に活用して事前に告知します。そんなにたくさんできないという方は、ブログやFacebookだけでも構いません。1週間前、3日前、前日、当日の朝など、こまめに告知していきま

す。1回だけの投稿では見る人が限られてしまいますので、できるだけ回数は多い方がいいです。投稿には、番組名、配信日時、UstreamのURL、ゲストの名前、プロフィールなどを入れてください。

また、配信中にソーシャルストリームに投稿されるコメントが、Twitter、Facebook、mixiに拡散され、たくさんの方の目に触れるので、積極的にコメントしてもらうよう視聴者に呼びかけることも大事です。

視聴者の集め方に関しては、7章に詳しく書きましたので、ぜひもう一度読み直してください。

Q 毎回表示される視聴者数が少なくて気になります。

A 画面の左下に「同時視聴者数／合計視聴者数」を表示することができますが、これはダッシュボードの設定で非表示にすることができます。視聴者数は、後からログ解析で調べることができます。

Q Ustreamを知っている人が周りにいませんが、見てくれるのでしょうか？

A Ustreamはライブ配信のサービスとしては老舗といってもいいかもしれませんが、同じようなサービスが増

えて来たこともあり、残念ながらUstreamを知っている方はそれほど多いとはいえません。しかし、Ustreamはインターネットのサービスなので、メールやブログ、YouTubeやソーシャルメディアなどでチャンネルページのリンク先を伝えればクリックするだけで視聴することができます。Ustreamを知らなくても何の問題もないといえますのでご安心ください。

さらに、Ustreamはパソコンだけでなく、携帯端末やタブレット端末でも視聴できます。スマホ標準のブラウザで視聴できますが、ソーシャルストリームでのコメント投稿ができない場合があります。できればUstreamのアプリを使ってもらいましょう。

07 出演ゲストの探し方

Q 人脈がないのでゲストがなかなか見つかりません。どうやって探せばよいのでしょうか？

A わたしもメディカツを始めたときは人脈がほぼゼロで、翌週のゲストを探すのにいつも困っていました。とうとうゲストが見つからずに、仕方なく一人でやったこともあります。

当時はあまり交流会などにも出かけていなかったのですが、

メディカツが始まってからは積極的にセミナーやイベントに出席するようにしました。そこで名刺交換をした際、この人に出演してもらいたいと思ったら「メディカツというインターネットテレビを配信しています。ぜひゲストとしてご出演いただきたいのですがいかがでしょうか」とお誘いするようにしたのです。番組をスタートさせた当初は、知り合いに出演のお願いをしてもいいのですが、やはり人と積極的に出会って直接声をかけることが大切です。一度出演してくだされば、その方に知り合いを紹介していただくこともできます。

08 CM（コマーシャル）について

Q Ustreamの番組にCMが入ってしまうのですが、これを消すことはできませんか？

A Ustreamは2014年から、ライブ配信中の画面に全面広告を入れるようになりました。このため、無料で利用している人が視聴していると、数十分に1回の割合で平均30秒ほどのCMが入ってしまいます。

　CMを出さないようにするには、二つの方法があります。一つは、視聴者がプレミアムメンバーになることです。プレミアムメンバーのサービスとは、主に視聴者向けの月額324円＋消

費税の有料会員サービスです。広告なしで番組を視聴したり、ライブ配信が始まるとメールが届く「ライブアラート」機能を利用できます。

そしてもう一つは、配信者がアドフリープラスに登録することです。アドフリープラスとは、高機能パッケージの月額有料サービスです。サービスを登録した配信者のチャンネルで広告が非表示になるほか、さまざまな機能を利用できます。シンプルコースが最も安く、月額9800円＋消費税となっています。こちらを契約することで、他に過去のアーカイブを残すことができたり、パスワードによる同時視聴者数を無制限にできるので、ビジネスで使われる方にはお勧めです。

Q 自分の番組にスポンサーをつけてCMを流すことは可能でしょうか。

A テレビのように番組内で宣伝して広告料をいただき売り上げを上げる仕組みは可能です。しかし、表現や映像に自由度がなくなるという危険性があります。Ustreamのライブ番組は、スポンサーのついているマスメディアにはない適度なゆるさと自由な表現が魅力なのです。言いたいことが言えない、スポンサーの顔色をうかがって思い切った表現ができないことになれば、面白みのない番組になってしまうでしょう。

ただ、知り合いのお店の広告を1回の番組で告知して、さらにそれがYouTubeで何度も再生されることで5000〜5万円ほ

どいただくという提案はありだと思います。

この場合、Producer有料版を使うことで、テロップや画像を使いCMを流すことができますが、無料版でも、宣伝のコーナーを設けて、フリップやボードなどを利用することで充分対応可能です。

09 音楽や映像の著作権について

Q 好きな歌手の音楽を使いたいのですが市販のCDから流しても大丈夫でしょうか？

A ネットで情報発信するときに注意したいのが、著作権侵害です。市販されているCDの音楽は、基本的にUstream配信には利用することができないとお考えください。番組のオープニングに有名ミュージシャンの曲を使ったり、アイドルの音楽を流して勝手に紹介したり、カラオケボックスからカラオケをバックに歌う姿を中継することなどはしないようにしましょう。Ustreamなどのライブ番組でギターやピアノで演奏することは可能です。ただし、複製（コピー）することはできませんので、YouTubeにアップするときなどはカットするなどして気をつけてください。もしBGMなどで音楽を使いたい場合は、著作権フリーとなっているCDを購入して使いまし

ょう。または、インターネットで検索すると無料の楽曲が多数ありますので、ダウンロードして使えます（著作権フリーとうたっていても、利用規約やFAQなどをよく読んでから利用してください）。自分でオリジナル曲を作ってもいいでしょう。メディカツでは、メディカツバンドのオリジナル曲がありますので、それをオープニングやエンディングに使っています。また、メディカツバンドのメンバーである田村信一さんが作曲家ですので、オリジナル曲を作っていただくこともあります。そういった専門家に作曲を依頼するのも一つの手です。Ustream番組にオリジナルの音楽を使うのもステキですよね。

　また、Ustreamが一般社団法人日本音楽著作権協会（JASRAC）、株式会社イーライセンス及び株式会社ジャパン・ライツ・クリアランス（JRC）と音楽著作権に関する包括契約を結んでいる曲については利用することができます。詳しくはこちらをご覧ください。

https://www.ustream.tv/japan/copyright/overview

Q 番組の途中で場面転換に使う映像は自分で作れますか？

A 場面転換や節目などで使う音楽や映像のことをジングルと呼びます。Ustream配信で使うカメラはウェブカメラ1台であるため、どうしても単調になりがちです。そのため、番組の途中にコーナーを設けたり、一部と二部に分けるな

どして構成に変化をつけましょう。このとき、場面転換にジングルを使うとメリハリがついてわかりやすくなります。こちらもBGMと同じく、検索で著作権フリーの動画を見つけて編集ソフトで加工したり、自分で作った画像をつなげた動画を作ります。Windowsはムービーメーカー、MacであればiMovieなどの無料ソフトで充分です。

おわりに

　おもちゃの鑑定士・北原照久さんは、わたしの憧れの人でありメンターとして尊敬しています。
　その北原さんがご著書によく書かれているわたしの大好きな言葉があります。
　「夢は一人では実現できない。一人で見る夢は寝て見る夢だけだ」
　夢は一人では絶対に実現できません。自分TVの「メディカツ」を継続することで、たくさんの夢が叶ってきましたが、わたし一人だけの力で実現できたものは一つもありません。友人や仲間が、ときには叱咤激励し、また、ときには躊躇するわたしの背中を強く押してくれました。人はどんなに高度なスキルやノウハウを持っていたとしても、決して一人だけでは夢は叶いません。わたしの夢がたくさん叶ったのも、「メディカツ」を通して出会った方々からの「応援」があったからこそです。
　Ustream番組を始めるなら、一人でカメラに向かって話すのではなく、まずは二人での対談番組からスタートしましょう。本書を読みながら繰り返し実践して、「自分TV®」を活用することで結果を出していただければ、これほどうれしいことはありません。
　今回、再度声をかけてくださり、辛抱強くご指導くださった同文舘出版の古市達彦編集長に心から感謝申し上げます。あり

がとうございます。

　また、いつでもわたしを信じて一緒に夢を実現しようとついてきてくれる妻の順子、新しいビジネスを始めて、心配しながらも応援してくれているわたしの４人の両親には感謝の言葉しか見つかりません。いつも本当にありがとうございます。

　そして、いつの間にか、わたしよりも有名になってしまった天才ジオラマアニメーターである息子の清貴。きみのおかげでわたしも新しい夢を描けるようになりました。ありがとう。きみの夢が叶うよう、これからも全力で応援していきます。

　最後に、興味をもってこの本を手に取ってくださったあなたに感謝申し上げるとともに、「自分TV®」でつながれたことをとてもうれしく思っています。番組の配信を始めたらぜひご連絡ください。一緒に夢を叶えていきましょう。

2016年５月

水越　浩幸

著者略歴

水越浩幸（みずこし　ひろゆき）

有限会社ミズコシ 代表取締役／メディア・アドバイザー
1960年東京都小金井市に生まれる。
大正10年に創業の印刷会社の3代目。間もなく100年企業となる。
2010年5月より、インターネットテレビ「どんどん夢が叶う・メディカツ」を毎週配信。6年間で300回を超える。これまでに、「なんでも鑑定団」でおなじみのおもちゃの鑑定士・北原照久さん、歌手の岩崎宏美さん、シンガーソングライターの杉真理さん、元巨人軍の篠塚和典さん、漫画家のかわぐちかいじさんなどの著名人も多数ゲストで出演されている。
インターネットテレビを活用して一瞬でファンにさせてしまうノウハウを「自分TV®」として作り上げ、セミナー、講座、コンサルティングでたくさんの「自分TV®」をプロデュースしている。

- メディカツ：http://medikatsu.biz/
- ブログ：http://ameblo.jp/hanjo-mail/
- Twitter：http://twitter.com/daihanjo
- Facebook：http://www.facebook.com/medikatsu
- Ustream：http://www.ustream.tv/channel/medikatsu
- Youtube：http://www.youtube.com/user/medikatsu

著書：『ビジネスで好印象を与えるメールの7つの決まりごと』（同文舘出版）

これからの中小店は「動画」で販促・集客しよう！

平成28年7月4日　初版発行

著　者 ── 水越浩幸

発行者 ── 中島治久

発行所 ── 同文舘出版株式会社

東京都千代田区神田神保町1-41　〒101-0051
電話　営業03（3294）1801　編集03（3294）1802
振替 00100-8-42935
http://www.dobunkan.co.jp/

©H.Mizukoshi
印刷／製本：三美印刷

ISBN978-4-495-53391-5
Printed in Japan 2016

JCOPY ＜出版者著作権管理機構 委託出版物＞

本書の無断複製は著作権法上での例外を除き禁じられています。複製される場合は、そのつど事前に、出版者著作権管理機構（電話 03-3513-6969、FAX 03-3513-6979、e-mail: info@jcopy.or.jp）の許諾を得てください。